Adolph L'Arronge

Mein Leopold

Original-Volkstück mit Gesang in 3 Akten und 6 Bildern

Adolph L'Arronge

Mein Leopold
Original-Volkstück mit Gesang in 3 Akten und 6 Bildern

ISBN/EAN: 9783744631327

Hergestellt in Europa, USA, Kanada, Australien, Japan

Cover: Foto ©Thomas Meinert / pixelio.de

Weitere Bücher finden Sie auf **www.hansebooks.com**

Mein Leopold.

Original-Volksstück mit Gesang in 3 Akten und 6 Bildern

von

Adolf L'Arronge.

Musik vom Kapellmeister C. F. Konradin.

Wien, 1876.

Verlag der Wallishausser'schen Buchhandlung (Josef Klemm).

Stadt, Hoher Markt Nr. 1.

Personen.

	Besetzung im Carltheater in Wien.
Willner, Rechnungsofficial	Herr Karutz.
Natalie, seine Frau	Frau Schäfer.
Marie } seine Töchter	Fräulein Gilbert.
Anna } seine Töchter	Fräulein Hartmann.
Emma } seine Töchter	Fräulein Meersberg.
Gottlieb Weigel, Schuhmacher	Herr Matras.
Clara, } seine Kinder	Fräulein Pert.
Leopold } seine Kinder	Herr Wüst.
Mehlmeyer, Claviervirtuose	Herr Blasel.
Minna, Dienstmädchen bei Weigel	Fräulein Jäger.
Rudolf Starke, Werkführer bei Weigel	Herr van Hell.
Hampel, } Gesellen	Herr Duchoslav.
Trenker, } Gesellen	Herr Tatzl.
Veit, } Gesellen	Herr Zeleny.
Pepi, Lehrjunge	Fräulein Amatour.
Gottlieb, } Knaben	Kl. Machatschek.
Carl, } Knaben	Kl. Juhn.
Sandor	Hr. Kracher.
Schwalbach	Herr Fischer.
Mielisch	Herr Hildebrandt.
Herr Schmidt	Herr Skribanek.
Eine Wäscherin	Frau Mettenleitner.
Georg, Zahlkellner	Herr Schert.
1. } Kellner	Herr Neugebauer.
2. } Kellner	Herr Grünfeld.
3. } Kellner	Herr Meier.
1. } Kellnerbube	Kl. Geck.
2. } Kellnerbube	Kl. Janik.
1. } Lieferant	Herr Müller.
2. } Lieferant	Herr Scribani.
3. } Lieferant	Herr Hoffmann.

Miethsparteien, Schumachergesellen, Lehrbuben, Gäste, Kellner ꝛc. ꝛc.

Zwischen dem 1. und 2. Akte liegt ein Zeitraum von 2 Jahren, zwischen dem 2. und 3. Akt ein Zeitraum von 5 Jahren.

Erster Akt.

Erstes Bild.

Einfach möblirtes Zimmer bei Willner. Eine Mittelthüre, zwei Seitenthüren, rechts ein Fenster. Davor ein Nähtisch, nebst Stuhl und Fußbank. Links zur Seite ein altes Sofa, davor ein mit einem Tischtuch bedeckter Tisch; auf demselben einige Vasen mit frischen Blumen, kleine Geschenke, Stickereien u. s. w. und ein Napfkuchen.

Erste Scene.

Willner. Natalie [sitzen am Kaffeetisch]. Marie. Anna. Emma [stehen beim Aufzuge des Vorhanges jede ein Bouquet in der Hand].

Marie. Anna. Emma. Wir gratuliren!

Willner. Dank Euch, Kinder, Ihr seid so gut und habt sicher spät in die Nächte hinein gearbeitet, um mich so reich beschenken zu können.

[Anna, Marie und Emma haben sich zum Tische gesetzt.]

Natalie. Laß' gut sein, Alter, die Mädchen haben es gewiß gerne gethan.

Marie. Du weißt ja, wie glücklich es uns macht, Dir eine kleine Freude zu bereiten.

Willner. Könnte ich Euch nur vor Entbehrungen schützen.

Natalie. Du hast gar nicht nöthig, Dich zu beklagen, Alter. Wir sind Gottlob Alle gesund, und haben genug, uns satt zu essen.

Emma. Ach was, wir haben doch noch immer das Nöthigste gehabt, und sehen wir nicht jederzeit ganz allerliebst aus? [steht auf und dreht sich kokett um.] Bewundere mich, was fehlt an meinem Kleidchen — nicht eine Masche, nicht ein Saum, nicht eine Falte!

Willner. Das muß wahr sein, nett seid ihr immer.

Natalie. Du aber nicht, Alter, Dein Rock ist ganz aus der Mode —

Willner. Ich trag' ihn doch erst das fünfte Jahr —

Emma. Mit solch' einem Rock kann man nicht Rechnungsrath werden.

Willner. Und warum nicht, — Naseweis?

Emma. Ein alter Rock vermindert Dein Ansehen.

Willner. Ein neuer aber vermindert mein Einkommen.

Emma. S' ist auch zu arg, daß der Staat nicht einmal so zahlt, daß seine Beamten moderne Röcke tragen können.

Willner. Das versteh'st Du nicht, Hanswurst, der Staat braucht Beamte, aber der Beamte braucht keinen Staat! — Bei euch jungen Mädchen ist das Anders, Ihr wollt heiraten.

Emma. Wenn wir wollten, könnten wir alle Tage heiraten!

Willner. Ich wäre begierig zu wissen, wen?

Emma. Wen? Da wäre vorerst der Sohn von unserem Hausherrn, ein sehr hübscher, junger Mann —

Marie. Laß' doch die Scherze! —

Willner. Bildest Du Dir wirklich ein, daß er sich um Dich bekümmert!

Emma. Von Einbildung kann hier gar nicht die Rede sein. Wenn der junge Herr Weigel ausgeht, bohrt er seine Augen förmlich in unser Fenster, seht Ihr, so! Ist das kein Beweis? —

Natalie. Wenn der sich wirklich um Eine von Euch bewerben sollte, ich sagte: „Nein!“

Emma. Sei getrost, Mütterchen, ich sagte auch „Nein.“

Anna. Weshalb?

Natalie. Er ist Justizbeamter und der Erbe dieses Hauses, aber er erfreut sich keines guten Rufes.

Marie. Ich glaube, liebe Mutter, Du bist mit Deinem Urthéil etwas zu vorschnell. So viel ich weiß, oder vielmehr gehört habe, trifft die Schuld für den etwas zweifelhaften Ruf des Sohnes mehr den Vater. Er hängt mit einer wahren Affenliebe an ihm, hat ihn verhätschelt und verzogen und von Jugend auf jeden seiner Wünsche, fast noch ehe er ausgesprochen war, erfüllt! — Die überschwengliche Empfehlung des Vaters erweckt gegen den Sohn eine Antipathie, welche, so glaube ich wenigstens, durchaus nicht gerechtfertigt ist.

Emma. Na, da habt Ihr's ja! Marie wirft sich zu seinem Vertheidiger auf — das ist die Harmonie verwandter Seelen — Sie ist es, der seine Fensterpromenaden galten.

Marie [aufstehend]. Ich finde Deine Späße sehr unpassend, liebe Emma!

Emma [Marie umarmend, gutmüthig]. Du bist mir doch nicht etwa böse? —

Marie [leise, sehr erregt]. Ich bitte Dich — höre auf — Du marterst mich.

Emma [erstaunt]. Was sagst' Du?

Willner [zu Marie]. Nun, Marie? bist Du schon fertig mit dem Frühstück?

Marie. Ja, ich habe heute die Küche und muß dafür sorgen, daß der Geburtstag-Braten an's Feuer kommt.

[Ab.]

Zweite Scene.

Vorige ohne Marie.

Willner [zu Emma]. Nun, Hanswurst, — auch keinen Appetit mehr?

Emma. Im Gegentheile, jetzt kommt der schöne Gugelhupf an die Reihe [setzt sich, ißt].

Anna. Was hattest Du denn mit Marie? War sie Dir ernstlich böse? —

Emma. I bewahre! [mit vollem Munde.] Aber Ihr kennt sie ja; — ihr gutes Herz duldet nicht daß man über Jemand Schlechtes spricht.

Natalie. Immer hübscher, als wenn man sich über Jemanden moquirt.

Emma. Der Stich gibt kein Blut, denn ich moquire mich über Jedermann, und würde nicht einmal dulden, daß man sich über Jedermann moquirt.

Anna [spöttisch]. Z. B. über unsern Zimmerherrn, den Herrn Mehlmeyer.

Willner. Der überall, wo er geht und steht, Clavier spielt.

Natalie. Von dem man keine andere Antwort kriegt als Triller und Passagen.

Emma [gereizt]. Da haben wir's! Wenn ich Euch nicht unterbreche, laßt Ihr mir kein gutes Haar an Mehlmeyer. Und was thue ich? — Ich sage Euch — Herr Mehlmeyer ist nicht nur ein interessanter Mann, sondern auch ein genialer Künstler, außerdem hat er was zu hoffen. — Er hat einen reichen Bruder in Bremen, eine reiche

Tante in Hamburg, und einen reichen Onkel in Amerika. Wenn Einer stirbt, erbt er was.

Natalie. Emma, sprich nicht so laut, wenn er Dich hörte, könnte er am Ende glauben, daß —

Emma. Was? Daß ich nicht „Nein" sagen würde, wenn er mich fragte, ob ich ihn heiraten will!

Natalie. Aber Emma!

Emma. Nein, nein! — Scherz bei Seite — ich habe Ahnungen, paßt auf, es passirt was! Neulich, als wir zusammen vierhändig spielten, machte er allerlei verfängliche Anspielungen. Wenn meine rechte Hand im Discant zu thun hatte, suchte seine linke Hand immer den Baß, und wenn ich mit dem einen Fuß den Pianodämpfer drückte, drückte er mit dem anderen Fuß immer Forte. Ihr sollt' sehen, er macht mir nächstens einen Antrag.

Anna. Ach, Du bist närrisch! —

Emma [aufspringend]. Anna, das muß ich mir ernstlich verbieten.

Willner Ihr werdet Euch doch nicht zanken!

Natalie. Wir wollen uns gleich in Ruhe mit Herrn Mehlmeyer befassen. Anna, bringe mir mein Aufschreibebuch, bringe mir auch Feder und Tinte, heute ist der Erste, da will ich die Rechnung für Herrn Mehlmeyer zusammen stellen, als kleine Erinnerung, denn Verliebte sind gerne vergeßlich!

Willner. Schon ½10 Uhr! Um 10 Uhr muß ich bei Gericht sein.

Natalie. Bei Gericht?

Willner [aufstehend]. Du weißt ja, Zeugenschaft im Prozesse des Hausherrn gegen den armen Flickschneider — [zu Emma] Na, Hanswurst, woran denkst Du denn?

Emma Ich! — An gar nichts! Ich werde in die Küche gehen und Marie beim Kochen helfen.

[Anna kommt zurück mit Buch und Schreibzeug].

Willner. Du auch! — Sapperlot! Da darf ich mich wohl auf lucullische Genüsse vorbereiten! Ich bin sehr begierig. [Ab rechts.]

[Emma und Anna räumen das Kaffeegeschirr zusammen und gehen damit ab.]

Emma [im Abgehen]. Ich muß jedenfalls erfahren, was das mit Marie und dem jungen Weigel für ein Bewandtniß hat. [Ab.]

Dritte Scene.

Natalie, später Mehlmeyer.

Natalie [schreibt] Zins für einen Monat — 15 fl. — [es klopft links.] Klopfte nicht da Jemand? — Nun kommen die kleinen Auslagen [Klopfen] Das ist an Mehlmeyer's Thüre, Herein! —

[Mehlmeyer tritt von links ein, er trägt ein Nachthemde ohne Kragen und Manschetten, er hat den Rock bis an den Hals zugeknöpft und sucht zu verbergen, daß er noch nicht Toilette gemacht hat. Mehlmeyer hat ein dünnes Schnurbärtchen und lange blonde Haare, die ihm öfters über die Stirne in's Gesicht fallen, er wirft die Haare dann mit einer raschen Kopfbewegung zurück. Fast unaufhörlich trällert er Melodien und Passagen vor sich hin — auch bewegen sich seine Finger nebenbei, als ob er Clavier spielte. Wenn er in der Nähe eines Möbelstückes steht, so trommelt er, leise summend, auf demselben herum; auch selbst Personen, mit denen er im Gespräch ist, berührt er, in Gedanken immer Clavier spielend, mit den Fingern.]

Anmerkung. Doch wird der Darsteller des Mehlmeyer zu bedenken haben, daß er in dieser Charakteristik eines Claviervirtuosen nicht zu weit geht und durch Uebertreibung nicht etwa die komische Wirkung abschwächt.

Mehlmeyer. Ich wünsche guten Morgen. [Wirft die Haare zurück.]

Natalie. Guten Morgen, Herr Mehlmeyer — schon so zeitlich auf den Beinen?

Mehlmeyer. Zeitlich? — Allerdings, wenn man bedenkt, daß ich die Nacht — dudilie. [Markirt mit den Händen in der Luft eine Passage.]

Natalie. Wie?

Mehlmeyer. Wir hatten gestern nach dem Concert noch tüchtig gesof — Gesellschaft! S' war so eine Art Festessen — wir haben festgegessen und festgeso —

Natalie. Und wahrscheinlich auch fest getrunken?

Mehlmeyer. Ja, das haben wir auch — Tempel und Makao — Makaroni — waren auch da — kurz es war sehr gemüthlich, dudilie.

Natalie. Was verschafft mir denn die Ehre Ihres frühen Besuches?

Mehlmeyer [setzt sich an den Tisch]. Ich bin so frei! Ah — Gugelhupf — Blumen!

Natalie. Es ist heute der Geburtstag meines Mannes, [betonend] der erste Juni. —

Mehlmeyer. Geburtstag! — [Einen Tusch markirend] Da gratulire ich vom Herzen! —

Natalie. Mein Mann ist am 1. Juni geboren.

Mehlmeyer. Am 1. Juni? So! Ich bin am 20. Oktober geboren. Wie gesagt, ich gratulire. [Macht eine Passage am Tisch, wobei er eine Blumenvase hinabwirft].

Natalie. Ah!! —

Mehlmeyer. [Hebt die Vase auf.] Verzeihen Sie, ich dachte eben an die ungarische Rapisode vom Lißt, ich sage Ihnen, wie der auf den Tasten herumspringt — Sehen Sie nur, ich kann doch wahrhaftig etwas greifen. [Hält ihr die ausgebreitete Hand vor das Gesicht.] Aber —

Natalie. Bitte, Herr Mehlmeyer, das interessirt mich gar nicht.

Mehlmeyer. So!

Natalie. Lassen Sie mich ein wenig ungestört rechnen, denn Sie wissen ja — am Ersten hat man Manches zu ordnen! —

Mehlmeyer. So! [Trällernd.]

Natalie. Ich beschäftige mich eben mit Ihrer kleinen Monatsrechnung.

Mehlmeyer. Da wünsche ich Ihnen viel Vergnügen. [Für sich.] Mit meiner Monatsrechnung beschäftigt sie sich und ich will sie um 5 fl. anpumpen. Drinnen sitzt eine Wäscherin und wartet, bis ich sie bezahle; da sie mir früher meine Wäsche nicht geben will — hier beschäftigt man sich mit meiner Monatsrechnung, und ich kann nicht einmal vor beiden Gefahren entfliehen, denn ich stehe noch im Nachthemde da — das verdammte Makao — dieser Bube, die ganze Nacht nicht gekommen. Soll ich mich am Ende doch der Alten anvertrauen! — ich möchte es versuchen — Lalala bumbum!

Natalie [hat bisher an den Fingern berechnet und geschrieben]. So — hier ist Ihre kleine Rechnung, ich wollte sie Ihnen eigentlich mit dem Frühstück hineinschicken. —

Mehlmeyer. Ja wohl, morgen —

Natalie. Nein, heute.

Mehlmeyer. Heute habe ich schon gefrühstückt.

Natalie. Das thut nichts!

Mehlmeyer. Glauben Sie! Freilich heute oder morgen — [faltet die Rechnung und steckt sie ein]. — Das bleibt sich gleich.

Natalie. 20 fl. 54 kr. für Zins, Frühstück und kleine Auslagen —

Mehlmeyer. Ganz richtig, 20 fl. 54 kr., dazu noch die 5 fl., macht zusammen —

Natalie. Wie?

Mehlmeyer. Ich hätte nämlich eine Bitte —

Natalie. Nun!

Mehlmeyer. Ich wollte — kennen Sie den Feuerzauber von Richard Wagner?

Natalie [verwundert den Kopf schüttelnd]. Nein!

Mehlmeyer. Nein — schade! — Aber Fräulein Emma kennt ihn — wir haben ihn unlängst vierhändig gespielt — wunderbar — großartig, — didilidie — Oh! Fräul'n Emma ist sehr musikalisch!

Natalie [für sich]. Wie kommt er auf Emma! [laut.] Sie wollten mich aber doch um Etwas bitten?

Mehlmeyer. Ganz recht — wissen Sie — wenn ich vorhin sagte, 5 fl. dazu — ich habe einen reichen Bruder in Bremen, eine reiche Tante in Hamburg und einen reichen Onkel in Amerika — wenn Einer stirbt — erbe ich was! Ja wohl! — [Ist nähergekommen und berührt unwillkürlich mit den Fingern Natalien's Schulter.] dudilie! —

Natalie [weicht erschrocken zurück].

Mehlmeyer. Entschuldigen Sie! —

Natalie [für sich]. Der Mensch kommt mir heute so sonderbar vor, sollte Emma doch recht haben?

Mehlmeyer. Ich bring's gar nicht heraus — aber es muß sein — [laut mit einem gewissen Anlauf.] Gerade herausgesagt —

Natalie. Nun!

Mehlmeyer. Meine Wäscherin ist drinnen und —

Natalie. O, dann lassen Sie sich ja nicht aufhalten, unsere Angelegenheit können wir auch später abmachen. Guten Morgen, Herr Mehlmeyer. [Rechts ab.]

Mehlmeyer [verdutzt]. Es war mir sehr unangenehm. Das habe ich dumm angefangen, sie hat gar nichts gemerkt. — Aber ich muß meine Hemden haben [sucht aus allen Taschen das Geld zusammen.] 1—2—3—4—5—6 Zehnerln, 3 Kreuzer — das macht 63 kr. und damit soll ich 5 fl. bezahlen. Was fange ich an!

Vierte Scene.

Mehlmeyer, später Emma, Wäscherin.

Emma [von der Mitte]. Wer hätte das von der stillen Marie gedacht! Ein heimliches Liebesverhältniß! — [Erblickt Mehlmeyer, erschreckt aufschreiend] ha! —

Mehlmeyer. Habe ich Sie erschreckt, Fräul'n Emma?

Emma [kokett]. Ich dachte nicht, Sie hier zu finden!

Mehlmeyer. Ich hatte eine kleine Unterredung mit Ihrer Frau Mutter —

Emma. So? [für sich, indem sie sich an den Arbeitstisch setzt]. Sollte er schon mit ihr gesprochen haben?

Mehlmeyer [für sich, Emma von der Seite betrachtend]. Es ist zwar ein kühner Gedanke — aber in der Noth frißt der Teufel Fliegen, — ob ich Sie anpumpe! — Natürlich! — [laut.] Störe ich vielleicht?

Emma. Nicht im Mindesten!

Mehlmeyer. Dann bin ich so frei — [setzt sich zu ihr]. Mein Fräulein — ich weiß nicht, wie Sie über mich denken? Dudilie — dum —

Emma. Ich bewundere Ihre Virtuosität im Spiele! —

Mehlmeyer. O! Sie sind sehr gütig — sehr liebenswürdig — wahrhaftig — und wenn ich wüßte, daß ich Ihnen, ohne Sie zu erzürnen, etwas sagen darf? —

Emma [für sich]. Warum denn nicht? das klingt gerade so, als wollte er —

Mehlmeyer. Sehen Sie — zuerst wollte ich eigentlich mit Ihrer Frau Mutter darüber sprechen nun möchte ich es aber lieber Ihnen sagen —

Emma. Ich glaube auch, daß das richtiger ist. —

Mehlmeyer. Sie glauben um so besser! Wir sind uns ja auch um

Ende nicht mehr so ganz fremd! — [trillert eine Passage auf der Lehne des Stuhles.]

Emma. O nein!

Mehlmeyer. Ich habe Ihnen, glaube ich, schon über meine Verhältnisse gesprochen. Ich habe einen reichen Bruder in Bremen, eine reiche Tante in Hamburg und —

Emma. Einen reichen Onkel in Amerika. — Wenn Einer stirbt, erben Sie was!

Mehlmeyer. Erbe ich was — richtig! Es fragt sich nun, ob Sie darauf hin, d. h. — ob Ihnen diese Sicherheit —

Emma [bei sich, erfreut]. Es ist richtig, er will mir einen Antrag machen — [laut.] Herr Mehlmeyer, Sie täuschen sich in mir. Ich rechne durchaus nicht auf Ihren reichen Bruder in Bremen und Ihre reiche Tante in Hamburg und Ihren Onkel in Amerika! —

Mehlmeyer. Ich auch nicht, d. h. wenn sie sterben, erbe ich was. . . . . Das ist sicher.

Emma. Sie denken gewiß nicht so schlecht von mir, daß Sie glauben, ich würde mein Lebenlang die Hände müßig in den Schooß legen. Ich bin zur Häuslichkeit erzogen und habe mir durch meiner Hände Arbeit schon manchen Gulden erspart.

Mehlmeyer [näher rückend]. Oh! Das ist schön von Ihnen. La la la — das freut mich sehr. [Bei Seite.] Sie weiß, um was es sich dreht, und kommt mir bereitwilligst entgegen. Ein gutes Mädchen, das muß man sagen. [Laut.] Mein Fräulein: — Mein Fräulein: — Emma! — Ich weiß nicht, wie ich es Ihnen sagen soll? Ich befinde mich in einiger Verlegenheit.

Emma. Sie, ein Künstler — der immer mit Damen umgeht? —

Mehlmeyer. Eigentlich habe ich mehr den Buben poussirt! —

Emma. Wie? —

Mehlmeyer. Da spreche ich schon wieder Unsinn! Aber ich will Muth fassen, und Ihnen Alles gestehen.

Emma [bei Seite]. Darauf warte ich ja! —

Mehlmeyer [ergreift ihre Hand]. Liebe Emma! — [schlägt einen Triller mit ihrer Hand.]

Emma [zieht ihre Hand zurück]. Nicht doch! — Das kitzelt! —

Mehlmeyer. Schade! — Jetzt war ich im besten Zuge! —

Wäscherin. Nun, wie ist's denn, Herr Mehlmeyer, länger kann ich nicht mehr warten. [Hat den Kopf zur linken Seitenthür hereingesteckt.]

Mehlmeyer. Ja, ja, ich — [schlägt die Thür zu.]

Emma. Was bedeutet das?

Mehlmeyer. Das war — das ist ja eben die Geschichte — liebe Emma. [Ergreift ihre Hand.]

Emma [bei Seite]. Kein Zweifel — er liebt mich! —

Mehlmeyer. Werden Sie mir aber nicht böse sein? —

Emma [verschämt]. Warum soll ich Ihnen denn böse sein? —

Mehlmeyer. Nun also — [rascher Anlauf]. Dann leihen Sie mir 5 fl. —

Emma [aufspringend]. Was? Weiter wollen Sie nichts von mir?

Mehlmeyer. Vorläufig genügt es, denn die Wäscherin will ihr Geld, und ich bin ganz blank — So! — jetzt ist's heraus! Dudiliedum!

Emma. O Pfui!

Mehlmeyer. Nun sind Sie doch böse! —

Emma. Böse? Oh — Sie irren sich, mein Herr — hier — 1—2—3—4—5 — hier haben Sie die 5 fl. — ich fühle mich durch Ihr Vertrauen sehr geschmeichelt, — oh Sie — pfui! — Schämen Sie sich. [Zornig im Abgehen.] Oh, es ist schändlich! — Ich erwarte eine Liebeserklärung, und nun pumpt er mich an. — Wissen Sie, was Sie sind, mein Herr? [im Abgehen.] prrrlump — das sind Sie! — [rasch ab.]

Mehlmeyer. Ein gutes Mädel, die Emma, sie hat mir doch die fünf Gulden gegeben, schade, daß ich nicht mehr verlangt habe. Nun — ein anderesmal! — Vielleicht begnügt sich die Wäscherin mit der Hälfte. Aber das weiß ich — ich rühre im Leben keine Karten mehr an. Jedesmal verliere ich im Tempel — von nun an spiele ich nur halber Zwölf! Tralala. [Ab.]

Fünfte Scene.

[Weigel, ein derber Handwerksmeister, etwa 50 Jahre alt, dunkles Haar, sehr rüstig. — Trägt Ringe, dicke Uhrkette und einen Rohrstock mit vergoldetem Knopf. — Sein Auftreten ist ein sehr sicheres und selbstbewußtes, tritt durch die Mitte ein.]

Entrée-Lied.

Es gibt für mich nur eine einz'ge Wonne,
Es ist das Höchste mir in der Natur,
Mein Sohn, mein Leopold, das ist meine Sonne.
Ich bin kein Mensch mehr, Vater bin ich nur —
Zwar eine Tochter hab' ich noch, das weiß ich —
Und wahrlich, sie ist auch ein gutes Kind,
Doch ist sie noch so brav und noch so fleißig,
Für ihre guten Seiten bin ich blind —
(Meine einzige Passion, ist mein Sohn ist mein Sohn! —)

2.

Ich brauch' kein Schnupftabak und keine Cigarren —
Nur Fleisch und Zuspeis is bei mir der Brauch —
Ich kleid' mich einfach, nicht wie d'Modenarren,
Trink' kein Champagner, Wasser thut es auch.
Ich thu nicht fischen, thu auf d'Jagd nicht gehen,
War auf der Börs noch nicht ein einzigmal.
Man hat mich nie in ein Theater g'sehen,
War nie beim Sperl und im Dianasaal —
(Meine einz'ge Passion — is mein Sohn, is mein Sohn.)

Mein Vater war Schuster, hat Geld g'habt und einen einzigen Sohn — grad so wie ich. Aber was hat mein Vater für mich gethan? Nix! — Er hat mich aufwachsen lassen, so lang ich wollte. Wie ich so weit war, hat er sich hinglegt, und ist g'storbn; und hat mir nix hinterlassen, als sein Geld und die Kunst, aus Leder, Pech und Draht Stiefel zu machen — das ist doch nicht schwer — das kann a jeder Schuster — Was nutzt mir das Geld? Ich bin [sieht sich um] — allein kann ich davon reden — ein ganz ungebildeter Mensch. Ich befinde mich mit der Grammatik in einem ewigen Kampfe, und das kränkt mich! Oh, warum gab es in meiner Jugend noch keinen gütigen Schulrath, der nachlässige Eltern zwung — zwingte — zwikte — zwang — da sehn Sie's — zwang, ihre Kinder in die Schule zu schicken?! Aber so wachs — wichs — wuchs ich auf, ohne Gymnasium, ohne Universium, nicht einmal von der gedoppelten Buchhaltung hab' ich ein Dunst. Da hab' ich mir's aber zug'schwor'n — Gottlieb, hab' ich g'schworn, wenn Du einmal einen Sohn kriegst, und er ist ein Bub, so muß er lernen, was in ihm hineingeht, damit er nicht so dumm bleibt wie sein Vater, den jeder Schusterbub beschämt, der richtig lesen und schreiben kann! der etwas vom Adiciren und Subtraktiren versteht, und ich habe mein Wort gehalten. [Freudestrahlend.] Mein Leopold, das is a Bissel ein anderer Kerl als ich — ha — ja — Studirt hat er sogar — Jux hat er studirt! Kann jeden Augenblick Minister wer'n, — ja — wenn er will — ja, aber er will nicht — o, mein Leopold ist gar g'scheidt. Aber ich hab auch den Bengel gern — das glaubt gar Niemand. Alles, was er sich wünscht, das kriegt er, wozu wär denn sonst 's Geld da! Mein Leopold soll anders von mir reden, als ich von mein Vater. Er weiß es nicht, wie ich mit der Grammatik verfeindt bin. Meine Tochter Clara schreibt meine Briefe, und muß mir alle Tag die Zeitung vorlesen, da kann ich überall mitreden, wo politirt wird. Auch a Bibliothek hab' ich mir auf'gricht — ja — Schiller und Göthe. Die kann ich gut unterscheiden — der Schiller is in Rinds- und der Göthe in Schweinsleder gebunden, na und auf Leder versteh' ich mich — ja! —

Sechste Scene.

Weigel. Willner.

Willner [von rechts mit Hut und Stock, zum Ausgehen bereit]. Entschuldigen, Herr Weigel, daß ich Sie warten ließ, meine Tochter sagte mir, daß Sie mich zu sprechen wünschen —

Weigel. Ganz richtig! —

Willner [nach der Uhr sehend]. Eine Viertelstunde hab' ich noch Zeit, dann muß ich zu Gericht —

Weigel. Das ist eben mein Fall — —

Willner. Ich bitte, sprechen Sie deutlicher —

Weigel. Wird geschehen! — [setzt sich, und deutet auf einen Sessel.] Bitte, setzen Sie sich —

Willner [gereizt]. Danke sehr. Thun Sie, als ob Sie zu Hause wären.

Weigel. Bin's ja — mein eigenes Haus noch dazu — es handelt sich nämlich um meinen Sohn, meinen Leopold! Kennen Sie meinen Herrn Sohn — meinen Leopold — ach was, Sie müssen ihn kennen —

Willner. Nur von Ansehen —

Weigel. Aber was für ein Ansehen, is das ein Ansehen — he? — ein schöner Mensch?

Willner. O gewiß! —

Weigel. Er ist auch beim Gericht — mein Sohn — hat Jux studirt! —

Willner. Ja ja — es muß so was sein.

Weigel. Er ist jetzt schon der berühmteste im Landesgericht —

Willner. So?

Weigel. Sein Amusiment steht bevor, er wird bald — jetzt weiß ich nicht, sagt man Inquisit oder Inquirent?

Willner. Das kommt ganz auf die Person an, bei Ihrem Herrn Sohn wird man wahrscheinlich Inquisit sagen.

Weigel. Ja, ja — Sie können schon Recht haben. Also — mein Sohn will ein Reitpferd — natürlich suche ich jetzt ein's für ihn — wer's hat, kann's thun —

Willner. Ganz richtig! —

Weigel. Für meinen Sohn ist mir nichts zu theuer. Zum Pferde brauche ich aber auch einen Stall, den muß ich im Hause bauen lassen. Da muß der Flickschneider Lehner aus dem Hause.

Willner. Bedenken Sie, der Mann hat sechs Kinder, die nach Brod schreien.

Weigel. Ganz richtig. Das Geschrei muß in meinem Hause ein Ende nehmen — er muß hinaus —

Willner. Ist denn sein Vertrag abgelaufen? —

Weigel. Gar kei' Red! — Sonst hätt' ich ja gar nit z'kündigen braucht. Voller Rücksicht hab' ich ihm g'sagt: Herr Lehner — Sie müssen aus'n Haus — es handelt sich um mein Sohn! — Was glauben Sie, was mir der kecke Mensch zur Antwort gibt? — „Das is mir sehr Wurst". Ein Mensch, der nicht einmal Brod g'nug hat, sagt zu mir: „Das ist mir sehr Wurst!“ Na, der soll's büßen! — Ich hab' ihm geklagt — heute ist Tagsatzung — also auf ihre Zeugenaussage kann ich rechnen —?.

Willner. In wie ferne?

Weigel. Na, was Sie früher g'sagt haben, vom Geschrei der sechs Kinder —

Willner. Wer hat das gesagt? —

Weigel. Reden wir nit viel drüber, Sie als Partei werden wissen, was Sie mir schuldig sind . . . .

Willner. Ich Ihnen schuldig —? Bis zum nächsten Zinstermin meines Wissens keinen Kreuzer. Ich zahle meinen Zins pünktlich.

Weigel. Na, das ist ja selbstverständlich — Wenn ich sage schuldig — dann meine ich als Hausherr — Respekt — die nöthige Achtung! —

Willner. Erlauben Sie, ich muß mir Alles, was ich vom Leben beanspruche, vorerst verdienen. — Versuchen Sie's auf demselben Wege mit der Achtung —

Weigel. Versteh' ich nicht — ist mir zu hoch. — Bedenken Sie nur — wie viel Rücksicht ich gegen Sie hatte —

Willner. Sie — gegen mich?

Weigel. Ja! Sie beziehen doch seit einem halben Jahre einen Theuerungsbeitrag? —

Willner. Allerdings! Das ist ja kein Geheimniß!

Weigel. Ich habe aber bis jetzt noch keinen Gebrauch davon gemacht.

Willner. Wovon?

Weigel. Na, von dem Theuerungsbeitrag. Ich hab Ihnen noch nicht gesteigert! —

Willner. In der That, sehr großmüthig — Uebrigens bin ich verpflichtet, unparteiisch nach Recht und Gewissen meine Aussage zu deponiren und — das werde ich thun! —

[Willner ab.]

Weigel [allein]. Detoniren Sie meinetwegen nach Recht und Gewissen — und nach was und wie Sie wollen — wenn Sie nur das genau aussagen, was ich will! — Denn der Lehner muß n'aus! —

Siebente Scene.

Voriger. Mehlmeyer.

Mehlmeyer [von Links]. Nicht einen Kreuzer hat sie nachgelassen, und ich habe doch bis jetzt geredet. — Jetzt bin ich noch eben so blank, wie früher. — Tralalala! Ah Herr Weigel! [Bei Seite.] Wird angepumpt.

Weigel. Sie sind noch nicht fort — Sie werd'n zur Tagsatzung zu spät kommen — und Sie sind doch ein Hauptzeuge —

Mehlmeyer. Hauptzeuge? Wie so? —

Weigel. Wie bringen Sie die Nächte in meinem Hause zu?

Mehlmeyer. Meisten's gar nicht.

Weigel. Sie sind mein Mann.

Mehlmeyer. Das freut mich. Wissen Sie, daß ich einen reichen Bruder in Bremen —

Weigel. Sie müssen das Geschrei von den Schneiderskindern bestätigen —

Mehlmeyer. . . . Eine reiche Tante in Hamburg . . . .

Weigel. Daß Sie keine Nacht zu Hause schlafen können —

Mehlmeyer. Das kann ich beschwören — dann einen reichen Onkel in Amerika — Tralalala! —

Weigel. Und daß der Schneider mit seinen sechs Kindern und seiner Frau aus dem Hause muß. —

Mehlmeyer. Ja, ja, — Wenn Einer davon stirbt, so erbe ich was! Dudilie! —

Weigel. Von den sechs Kindern?

Mehlmeyer. Nein — mein reicher Bruder in Bremen, meine reiche Tante in Hamburg oder mein reicher Onkel in Amerika.

Weigel. Ah, so! —

Mehlmeyer. Wenn Einer stirbt, erbe ich was. — Borgen Sie mir auf diese Sicherheit fünf Gulden —

Weigel. Hm! Nach der Tagsatzung —

Mehlmeyer. Gut, Herr Weigel, ich will mich vorläufig mit dieser Zusage begnügen.

Weigel. Sie sind ein sehr gefälliger Mensch. Vergessen Sie nicht, pünktlich zu erscheinen und klug auszusagen. —

Mehlmeyer [der schon an der Thür ist]. Ich will d'ran denken — aber vergessen Sie nur nicht auf meine Forderung. Tralala. [Ab.]

Achte Scene.

Weigel [allein]. Ich muß den Prozeß gewinnen und dann wird gleich der Stall baut. Wird g'wiß ein ordentliches Stück Geld kosten. — Denn, wenn die Wohnung auch für den Flickschneider mit sechs Kinder gut genug ist, mein'n Sohn sein Pferd, kann ich so'n Aufenthalt nicht zumuthen! Und für mein Leopold laß' ich nur ein ordentlichen Stall bauen — denn mein Herr Sohn is an Luxus gewöhnt. Auch's Pferd muß schön sein — a echte Race — vielleicht a Kreuzigung zwischen an Engländer und ein Araber oder gar einen vollblütigen Araber —

Nr. 2. Schluß von Nr. 1.

[Singt.]

„Schon das Höchste der Rösser, das's
gibt auf der Welt"
Kauf ich mein' Herrn Sohn für das
„Theuerste Geld."
(Denn meine einz'ge Passion, is mein
Sohn, is mein Sohn! —)

Zwischen-Vorhang.

Erster Akt.

Zweites Bild.

Die Musik von Nr. 2 geht in die Zwischenmusik und aus dieser in den folgenden Anfangs-Chor über. Zimmer bei Weigel. Eingang d. d. M. Links 2 Seitenthüren, die erste führt in Leopold's, die zweite in das allgemeine Wohnzimmer. Rechts eine Seitenthüre, welche in die Werkstätte führt. Ebenfalls rechts, vorne ein Fenster, davor ein Tisch und Stühle. Einfaches Meublement.

Erste Scene.

Hampel, Veit, Trenker, Gesellen, Lehrbuben.

Nr. 3 Chor.

Hampel. Also vorwärts, aus is die Feierstund — Frisch an die Arbeit — heut' is um fünfe Feierabend, wir haben heute Versammlung im Vereinslokal. [Gesellen und Lehrbuben ab.]

Zweite Scene.

Hampel, Minna [ist während des Chors eingetreten und staubt ab.]

Hampel. Guten Morgen, schöne Minna. [Kneift sie in die Wangen.]

Minna. Na? Was soll diese Zudringlichkeit? Sie kecker Mensch!

Hampel. Warum sind Sie denn heute so grob zu mir, schöne Minna?

Minna. Heute? Bin ich sonst vielleicht höflicher zu Ihnen gewesen?

Hampel. Wenn auch nicht zu mir, aber zu Anderen. Gestern Abends um ½9 Uhr z. B. — hab' ich Sie unterm Hausthor gesehen mit —

Minna. Das war mein Cousin!

Hampel. So, so? Dann hörte ich so ein eigenthümliches Schnalzen, wie—

Minna. Das war ein Abschiedskuß — er verreist. Herr Hampel, von Ihrer Ehrenhaftigkeit als Schuster erwarte ich, daß Sie reinen Mund halten.

Hampel. Wenn Sie wünschen, daß ich reinen Mund halten soll, müssen Sie ihn mir verschließen.

Minna. Womit?

Hampel. Mit demselben Siegel, welches Sie dem Cousin aufgedrückt haben.

Minna. Ich sollte eigentlich nicht, aber — [küßt sich mit Hampel].

Dritte Scene.

Vorige. Pepi.

Pepi. Wünsch wohl gespeist zu hab'n.

Hampel. Wer hat Dich gerufen, Du dummer Bub', Du?

Pepi. Ich hab' ein Schnalzer g'hört!

Hampel. Du hast wohl lange nicht den Knieriem g'spürt? — na warte! — [Ab rechts.]

Pepi. Das is eine nette Aufführung, das werd' ich der Fräulein Meisterin sagen.

Minna. Das wirst Du bleiben lassen.

Pepi. Grad! gleich geh' ich 'rein. [Wendet sich zur zweiten Thüre links.]

Minna. Sei g'scheidt, Pepi — ich schenk' Dir ein Sechserl.

Pepi. Was nutzt mir a Sechserl? [hält die Hand auf].

Minna. Kauf' Dir Cigarren.

Pepi. Sie fassen mich bei der schwachen Seite, -aber ich laß' mich nicht überrumpeln.

Minna. Was willst Du denn noch?

Pepi. Ich verlange Communismus, Gleichberechtigung. Der Gsell' soll nix vor mir voraus hab'n — ich will auch a Bußl! —

Minna. Ah geh — Du bist ein dummer Bub!

Pepi. Gut, so werd' ich — [will zur Thüre.]

Minna. Bleib' doch — Ich sag's ja — diese Männer — diese Männer — Ah — 's ist Einer wie der Andere. [Küßt ihn.]

Pepi [stellt sich auf die Zehen und küßt sie].

Vierte Scene.

Vorige. Leopold.

[Aus der ersten Thüre links].

Leopold [mit Hut und Spazierstöckchen, sehr elegant]. Guten Morgen!

Minna [erschrocken]. Oh! —

Pepi [ebenso]. Oh! [Lauft rechts ab.]

Leopold. Ich habe Sie wohl gestört! —

Minna. Ach, junger Herr, wie können Sie so was denken. Pepi ist ja noch ein Kind! — Er hat mir blos was besorgt, und da —

Leopold. Haben Sie ihm ihren Dank abgestattet? Ich finde das ganz in der Ordnung. — Haben Sie eine Haarnadel, Minna, der Handschuh geht so nicht zu.

Minna. Ja, ja, das werde ich! — Erlauben Sie. [Beschäftigt sich damit, den Knopf zu schließen.]

Leopold. Sagen Sie, Minna. Pepi hat wohl ein Briefchen an Ihren Bräutigam besorgt?

Minna. Oh nein, wie sollte ein armes Dienstmädchen zu so was kommen?

Leopold. Nun, das kommt doch zuweilen vor?

Minna. Nun ja, es macht sich vielleicht — einen Schatz hab' ich schon.

Leopold. Oho! Wer ist denn das?

Minna. Er ist beim Militär.

Leopold. Wo denn?

Minna. Bei den Husaren! So — jetzt ist er zu! —

Leopold [Sie am Kinn fassend]. Ich danke Ihnen, schöne Husarenbraut! [küßt sie].

Fünfte Scene.

Vorige. Clara.

[Zweite Thür links.]

Clara [mit Brief]. Guten Morgen, Leopold!

Minna [erschrocken]. Ha!

[Minna ab].

Leopold [verdrießlich.] Höre, Clara, das war ganz überflüßig, daß Du so hereinplatzest und das arme Mädchen erschreckst.

Clara. Lieber Leopold, ich möchte Dich bitten, etwas weniger vertraulich mit unserem Dienstmädchen zu verkehren. Das Bischen Respekt, welches man heutzutage noch genießt, geht dadurch ganz verloren. Dann schickt es sich auch nicht, für Dich am allerwenigsten. —

Leopold. Warum soll gerade ich mir ein so großes Gewissen daraus machen, ein hübsches Mädchen zu küssen? Das sehe ich durchaus nicht ein.

Clara [verlegen]. Weil —

Leopold. Nun, weil —?

Clara. Leopold sei nicht böse — Du hast auf Deinem Tisch einen offenen Brief liegen lassen — ich habe einen Blick hineingeworfen, er interessirte mich sehr. Da ist der Brief. [Gibt ihm einen Brief.] Die mir unbekannte Marie beruft sich in Deinem Briefe auf Deine Schwüre ewiger Treue und Liebe. Hat sie ein Recht dazu — woran wohl nicht zu zweifeln ist — dann ist es unrecht von Dir, das erste beste Dienstmädchen zu küssen.

Leopold [ärgerlich bei Seite, indem er den Brief zerknittert und einsteckt]. Daß ich den Wisch auch liegen lassen mußte. [Laut.] Ich muß Dir sagen, daß es mir durchaus nicht angenehm ist, auf Schritt und Tritt von Deiner Spionage verfolgt zu werden

Clara. Pfui, Leopold! [weich.] Das habe ich nicht um Dich verdient. —

Leopold. Thu mir den einzigen Gefallen und werde nicht sentimental. [Will gehen.]

Clara. Sei unbesorgt, ich will Dich nicht verscheuchen, im Gegentheil, ich möchte Dich so gerne an uns, an das Haus fesseln, und darum hat mich die Entdeckung, daß Du liebst, daß Du Dein Herz an ein Mädchen verschenkt hast, mit freudiger Hoffnung erfüllt. Weiß der Vater davon?

Leopold. Wie käme ich dazu, ihn zum Vertrauten meiner Liebschaften zu machen?

Clara. Nun, wenn Du heiraten willst.

Leopold. Heiraten? hahaha! Du bist wirklich sehr komisch, Clara.

Clara. Wie, Du denkst also nicht ans Heiraten?

Leopold. Nein, solche Dummheiten kommen mir durchaus nicht in den Sinn.

Clara [bei Seite]. Das arme Mädchen!

Leopold [sich nach rechts wendend]. Ist der Vater in der Werkstatt?

Clara. Nein, er ist auf's Gericht gegangen.

Leopold. Sapperlot! Was hat der Alte auf dem Gericht zu suchen? Etwa mich? Damit würde er kein Glück haben.

Clara. Er will den Flickschneider, der im Hof wohnt, auf die Gasse setzen.

Leopold [gleichgiltig]. So? Weßhalb?

Clara. Das solltest Du nicht wissen?

Leopold. Wie käme ich dazu?

Clara. Der Vater will aus den Räumen, welche die arme Familie bewohnt, ein Stallgebäude für Dein Reitpferd machen lassen.

Leopold. Ach richtig, das hat er mir erzählt. [Cigarren nehmend.]

Clara. Leopold, die Leute sind sehr arm, sie haben eine große Familie — möchtest Du nicht beim Vater ein gutes Wort einlegen? Wenn er es bei Gericht durchsetzt, ist der arme Mann mit Weib und Kindern obdachlos. Ein Wort von Dir würde genügen.

Leopold [brummt sie an]. Mein Gott! man kann doch nicht für alle armen Leute Obdach schaffen! Sie werden eine andere Wohnung finden. —

Clara [bittend]. Sei nicht so herzlos!

Leopold. Ich sehe schon, Du hast heute Deinen larmoyanten Tag — dagegen ist nicht anzukämpfen, aber Du wirst wohl nichts einzuwenden haben, wenn ich mir lustigere Gesellschaft aufsuche. Guten Morgen, Clara. [Ein Liedchen trällernd, ab d. d. Mitte.]

Clara [ihm nachrufend]. Leopold! [Mit einem Seufzer.] Er hört mich nicht, er ist ein kalter, selbstsüchtiger Mensch. Was Wunder auch! Die blinde Liebe meines Vaters hat ihn dazu erzogen. —

[Ab zweite Thüre links.]

Sechste Scene.

Rudolf Starke.

[Ruft an der Seitenthüre rechts.]

Pepi! [vorkommend.] Ich bin statt des Mittagsessens eine Stunde im Prater spazieren gegangen. Mit nüchternem Magen und im Freien kommen Einem die besten Ideen — mein Entschluß ist gefaßt — heut' geht's los! — Pepi! —

Siebente Scene.

Rudolf. Pepi [von rechts].

Pepi. Haben Sie mich g'rufen? Herr Rudolf?

Rudolf. Ja [zieht den Rock aus.]

Pepi. Aha — jetzt gibts Prügel!

Rudolf. Da — trage den Rock und den Hut in die Werkstatt und bring' mir meine Schürze.

Pepi [verwundert]. Weiter nichts?

Rudolf. Du kannst mir auch den neuen Stiefel von meinem Tisch', den Pechdraht und die Aale mitbringen.

Pepi. Wollen Sie denn hier arbeiten?

Rudolf. Was geht das Dich an?

Pepi [retirirend.] Jetzt gehts los!

Rudolf. Halts Maul und bring die Sachen. Fix!

Pepi [im höchsten Erstaunen]. Der haut noch immer nicht, — dann muß was passirt sein. [Rechts ab.]

Rudolf [mit großen Schritten auf und abgehend]. Wenn sie mich aber abblitzen läßt — was dann? Einerlei, einmal muß ich's doch probiren — denn eher finde ich keine Ruhe.

Pepi [von rechts]. Hier ist die Schürze.

Rudolf. Gut. [Bindet sie um.]

Pepi. Und den Stiefel?

Rudolf [deutet auf einen Stuhl neben dem Tische rechts.] Dorthin! — Du, Pepi — ich hab heut was vor, was Wichtiges!

Pepi. Ah!

Rudolf. Ja! Du kannst mir den Daumen halten.

Pepi [nach seiner Hand greifend]. Warum nicht, — gebens ihn nur her.

Rudolf. Dummer Bub! wenn ich sag': Du sollst mir den Daumen halten, so heißt das, Du sollst Deinen Daumen halten.

Pepi. So — so — [nachdenkend.] Wenn Sie aber sagen „halt dein Maul!" — wem sein Maul soll ich dann halten -- das Meinige oder —

Rudolf. Wo ist denn der Knieriem?

Pepi [zurückweichend]. Es ist doch richtig.

Rudolf. Was ist richtig?

Pepi. Die G'sellen sagen: Sie wären die lebendige Uhr in der Werkstatt.

Rudolf. Wie so?

Pepi. Weil Sie jede halbe Stunde schlagen. [Ab.]

Rudolf. Warte, Bengel! — Ich bin etwas aufgeregt, das ist g'rade die richtige Stimmung — Nu los! [Klopft an der 2. Thür links.]

Achte Scene.

Rudolf. Clara.

Clara [von Innen]. Wer ist da? Herein!

Rudolf [öffnet die Thür ein wenig und spricht in das Zimmer hinein.] Ich bin es, Fräulein Clara, ich wünsche einen guten Morgen.

Clara [von Innen]. Guten Morgen, Herr Starke. Wollen Sie nicht näher treten.

Rudolf [etwas verlegen]. Ja — das heißt, ich wollt' eigentlich fragen, ob Sie heut' nicht, wie gewöhnlich, hier ein bissl nähen oder stricken? Ich würde Ihnen dann Gesellschaft leisten, das heißt, wenn —

Clara [auftretend, ein Strickzeug in der Hand]. Warum wollen Sie denn nicht in mein Zimmer kommen?

Rudolf. Das thäte ich schon ganz gern, aber — am Ende könnten die Leute glauben — [stockt verlegen.]

Clara. Daß wir Heimlichkeiten mit einander hätten? [lächelnd.] Schwerlich, lieber Herr Starke. Wie sollten Sie in solchen Verdacht kommen? Ich bin ja eine alte Jungfer.

Rudolf [abwehrend]. O, bitte, bitte, so war es nicht gemeint, – im Gegentheil! Sehen Sie, hier bin ich nahe bei der Werkstatt, und wenn was vorfällt —

Clara. Es scheint demnach, als hätten Sie mir was zu sagen!

Rudolf. Ja, sehr was Wichtiges.

Clara. Da bin ich begierig. [Setzt sich an den Tisch rechts.]

Rudolf. Wenn Sie erlauben, arbeite ich dabei — ich kann dann besser reden. [Setzt sich ebenfalls an den Tisch, nimmt den Stiefel zwischen die Knie und arbeitet eifrig.] Sie wissen doch, Fräulein Clara, ich habe im vorigen Monat meine Schwester ausg'heirat.

Clara. Gewiß, ich war ja auf der Hochzeit.

Rudolf. Sehen Sie, so lang die ledig war, dachte ich immer, ich müßt' auch ledig bleiben, denn Vermögen habe ich doch keines, und wenn man verheiratet ist, dann fallen doch so allerlei Kleinigkeiten vor — das macht Sorgen, und ich wollte mir nicht mehr Sorgen machen, ehe ich meine Schwester ordentlich verheiratet hätte.

Clara. Sie sind ein braver Mensch, ein guter Bruder, Herr Starke. Ich wünschte, ich hätte auch einen solchen Bruder.

Rudolf [erfreut]. Wirklich?

Clara. Ganz gewiß.

Rudolf. Na, sehen Sie, die Mali is jetzt gut versorgt, ihr Mann ist ein ordentlicher Mensch, hat ein gutes Geschäft, und was will man mehr?!

Derethalben könnt' ich meinetwegen auch an mich denken. [Pause]. Sagten Sie was?

Clara [nicht vom Strickzeug aufsehend]. Nein!

Rudolf. Sehen's, für's Wirthshaus bin ich nicht, und wenn man nicht in's Wirthshaus geht, so fühlt man sich allein zu Haus so ungemüthlich. Die Mali is jetzt doch auch nicht mehr da, und mit abgerissenen Knöpf' und Löcher in die Strümpfe geht man nicht gerne herum.

Clara. Das heißt, Sie wollen sich auch verheirathen?

Rudolf. Richtig, das möcht' ich. —

Clara. Nun, es wird Ihnen nicht schwer fallen, eine ordentliche und gute Hausfrau zu finden.

Rudolf. Ja, das sagt sich leicht. Es ist wohl wahr, es gibt eine Menge Mädchen, aber ich verstehe das Courschneiden nicht, ich könnt' nicht lang h'rum suchen. Am liebsten griffe ich die erste Beste heraus, das heißt die Nächste. Grade so wie der Sicherheitsmann, der mich packte, wie ich in der vordersten Reihe stand, beim Einzug des Schah. Der Mann hat immer g'schrier'n: Zurück! Und schließlich hat er mich beim Kragen gepackt! Ich bin ja ganz unschuldig, sag' ich darauf, die da hinten drängeln! Das weiß ich, sagt er, aber so weit kann ich nicht g'längen. — Schau'ns, Fräulein Clara, so gehts mir auch! Ich kann auch nicht so weit langen! Gott mag wissen, wo die Rechte ist, und wenn mir nicht eine vor der Nasen sitzt, — so daß ich nur zuzugreifen brauch', so wird nie was d'raus werden.

Clara. Haben Sie denn schon eine Wahl getroffen?

Rudolf. Ja, ich wüßt' schon, welche ich möcht'! — Aber ob Sie mich will!

Clara. Haben Sie denn noch nicht angefragt?

Rudolf. Nein, sehen Sie, ich bin doch sonst gewiß kein feiger Kerl, aber dazu — dazu — fehlt mir die Courage.

Clara. Ei was! Ein Mann, wie Sie, kann dreist überall anklopfen; jedes brave Mädchen wird sich geehrt fühlen.

Rudolf. Meinen Sie?

Clara. Ja, das meine ich.

Rudolf [noch eifriger den Pechdraht auseinander ziehend und ohne zu Clara aufzusehen]. Na, wenn Sie meinen, dann möcht' ich halt so frei sein, und bei Ihnen, Fräulein Clara, anfragen, ob Sie mich heiraten wollen?

Clara [läßt vor Schreck das Strickzeug zur Erde fallen und stößt einen Schrei aus, und sinkt in den Stuhl zurück]. Ha!

Rudolf [wirft den Stiefel fort und springt auf]. Herr Gott! Was is denn? Na ja, da liegt sie — ohnmächtig vor Schreck über meine Frechheit. [Gießt sich Wasser aus einer Caraffe in die Hand und bespritzt Clara einige Male das Gesicht, aber ohne sich ihr zu nähern.]

Clara [sich mit dem Taschentuche das Gesicht trocknend]. Bitte, hören Sie auf! Es war sehr unrecht von Ihnen, Herr Starke, solchen Scherz mit mir zu treiben.

Rudolf [erstaunt]. Scherz?

Clara. Ich habe meine jüngeren Jahre der Erziehung meines Bruders gewidmet, wenn auch, wie ich leider selber eingestehen muß, mit wenig Erfolg. Daß ich jetzt nicht mehr in den Jahren bin, einem Manne, wie Ihnen, begehrenswerth zu erscheinen, das weiß ich, deßhalb brauchen Sie mich nicht durch Ihren Spott zu kränken.

Rudolf. Hören Sie, Fräulein Clara, so müssen Sie die Geschichte nicht drehen. Wenn Ihnen mein ehrlich gemeinter Antrag nicht paßt — was ich nicht vorausgesehen hab' — dann können Sie einfach sagen: Nein, Herr Starke, ich danke, Sie sind mir zu grob, zu ungebildet, zu arm — was weiß ich! Aber mir in's Gesicht sagen, daß ich Scherz mit Ihnen treibe, daß ich Sie verspotte, das kann ich mir nit g'fallen lassen.

Clara [ängstlich, zweifelhaft]. Herr Starke — Sie wollen im Ernst —?

Rudolf. Was denn?

Clara [zögernd]. Mich — heiraten?

Rudolf. Ja doch, ist denn das ein so großes Verbrechen? Ich dachte, Sie würden es vielleicht gemerkt haben, daß ich Ihnen gut bin, so recht vom Herzen gut. Und weil Sie immer so freundlich zu mir waren, dacht' ich — na, es war dumm von mir, reden wir nicht weiter davon. [Nimmt den Stiefel unter den Arm und will nach der Werkstatt gehen.] Entschuldigen Sie, Fräulein Clara. —

Clara [vor Freude weinend]. Hahaha! Herr Starke — Rudolf —

Rudolf [sich umwendend]. He?

Clara. So bleiben Sie doch! [Streckt ihm zögernd die Hand entgegen.]

Rudolf. Was machen Sie denn für ein Gesicht? Wie sehen Sie mich denn an? Grade, als ob —

Clara [nickt lächelnd mit dem Kopfe].

Rudolf. Schockschwerenoth! [Wirft den Stiefel gegen eine Thüre, läuft zu Clara und ergreift heftig ihre Hand.] Sie sagen nicht „Nein"? Sie wollen meine Frau werden?

Clara [verbirgt den Kopf an seiner Schulter].

Rudolf. Hurrah! [umfaßt Clara, dreht sie herum, setzt sie dann auf einen Stuhl und fällt vor ihr auf die Knie nieder.] Clara, liebste Clara! Mir ist so kannibalisch wohl. Ich könnte Bäume ausreißen, vor Vergnügen.

Clara. Ich begreife nur immer noch nicht, wie Sie dazu gekommen sind, sich in mich zu verlieben, mich heiraten zu wollen.

Rudolf. O, ich hab' Sie schon so lange gern, ich wußt' es blos nicht. Aber als mir der Gedanke gekommen war, daß ich auch eine Frau, einen eigenen Hausstand, haben möchte, da sagte ich gleich zu mir: Keine andere wie die Clara. Ich glaubte ja nicht, daß Sie einwilligen würden. Jetzt haben Sie es aber doch gethan — und das werd' ich Ihnen nie vergessen.

Clara. Aber mein Vater —

Rudolf [aufstehend]. Mit dem lassen Sie nur mich reden. Wir wollen auch gar keine langen Umständ' machen!

Clara. Was wird er nur dazu sagen?

Rudolf. Was soll er sagen? Wenn Sie einwilligen, kann er doch nichts dagegen haben. Ich bin ein anständiger, ehrlicher Kerl, ich versteh' mein Handwerk, wir werden schon unser Auskommen finden. Heute gleich, noch in dieser Stunde, werd' ich mit ihm sprechen. [Verlegen.] Fräulein Clara, vorhin in der Ueberraschung bei der unverhofften Freude — da habe ich vergessen — Ihnen ein Bußel zu geben. Darf ich jetzt vielleicht —?

Clara. Lieber Rudolf, ich habe mit freudigem Herzen eingewilligt, die Ihre zu sein und will mich bemühen, Sie so glücklich zu machen, wie Sie es verdienen. [Umarmt ihn].

Rudolf [küßt Clara]. Meine Clara! Sie sind jetzt meine verliebte Gelobte — gelobte Verliebte, nein — geliebte Verlobte, und ein schlechter Kerl will ich sein, wenn ich Ihnen je eine trübe Stunde mache. Ich zieh' mir den Rock an, und dann halte ich, wie sichs gehört, bei dem Alten an. Auf Wiedersehen, meine liebste, herzallerliebste Braut! [Faßt ihren Kopf zwischen beide Hände, drückt einen herzhaften Kuß auf ihre Lippen, will sie dann noch einmal küssen, sagt aber, zurückweichend: „Nachher" und geht rasch nach rechts ab.]

Clara [Rudolf nachsehend]. Mir ist, als ob ich träume. Wie hätte ich auch so viel Glück erhoffen können! Der gute, liebe Mensch! Mir ist es jetzt erst recht klar, wie gut auch ich ihm bin —

Neunte Scene.

Clara. Weigel.

Weigel [durch die Mitte wüthend]. Nein, so eine Frechheit — das hat die Welt noch nit g'seh'n! —

Clara. Wie?

Weigel. So lang ich Hausherr bin, is mir so was noch nit passirt!

Clara. Was is denn g'scheh'n, Vater?

Weigel. So ein Mensch! — So ein verhungerter Kanzleihocker — bewohnt bei mir für lumpige 700 Gulden den ganzen halben vierten Stock, und der Mensch hat gegen mich ausg'sagt, daß der Flickschneider a ganz' ruhige Partei is. —

Clara. Du warst also beim Bezirksgericht?

Weigel. Ja!

Clara. Nun?

Weigel. Abgewiesen bin ich mit meiner Klage.

Clara. Gott sei Dank!

Weigel. Der Flickschneider bleibt im Hause, und ich, der reiche Schuhwaarenfabrikant — der Hausherr — muß das dulden? Ah, da soll der Teuxel Hausherr sein.

Clara. Aber, lieber Vater! —

Weigel. Ich ergreif'n Rekurs — ich appelir' und der Mehlmeyer — laßt sich gar nit sehen — kommt nit einmal 'nauf. Na wart's. Setz' dich dahin, und schreibe!

Clara. Aber?

Weigel. Schreib', sag' ich!

Clara. Da will ich's Schreibzeug holen. [Sie holt Papier und Tinte.]

Zehnte Scene.

Vorige. Mehlmeyer. [Mehlmeyer athemlos.]

Mehlmeyer. Da bin ich, Herr Weigel! — Komme eben vom Bezirksgericht — Alles in Ordnung, nicht wahr? — Denn man sagte mir, ich sei gar nicht mehr nöthig. Tralalala.

Weigel. Sie Unglücksmensch — warum waren Sie denn nicht zur rechten Zeit oben?

Mehlmeyer. Es fragt sich, was ist die rechte Zeit? Ich war um 9 Uhr vorgeladen — bin um halb 10 Uhr hinaufgegangen und war um 11 Uhr schon oben.

Weigel. Anderthalb Stunden, die paar Schritte?

Mehlmeyer. Ich mußte im Vorbeigehen geschwinde eine Stunde geben. Wissen Sie Dudeldudeldieu. —

Weigel. Der gibt eine Stunde — und ich verliere den Prozeß! —

Mehlmeyer. Verloren haben Sie ihn — das macht nichts. Mein Schüler und ich, wir haben vierhändig den ersten Akt der Walküre gespielt. Ich sage Ihnen, herrlich!

Weigel. Niederträchtig!

Mehlmeyer. Wenn Sie das sagen, zeigen Sie, daß Sie gar nichts davon verstehen.

Weigel. Es ist zum Rasendwerden!

Mehlmeyer. Vor Entzücken! Dudeldie!

Weigel [ihn überschreiend]. Vor Wuth! — Sie sind ein Narr — Ihnen verdank' ich den verlornen Prozeß — ich könnt' Sie umbringen vor Zorn. —

Mehlmeyer. Ah, lassen wir das, deßhalb bin ich nicht hier — ich komme wegen der versprochenen fünf Gulden.

Weigel. Das ist unverschämt! —

Mehlmeyer. Erlauben Sie, ich habe einen reichen Bruder —

Weigel. Die Geschichte kenn' ich schon — strengen's Ihnen nit unnöthig an.

Mehlmeyer. Wenn Einer stirbt, so erbe ich —

Weigel. Einen Schmarrn, und den kriegens auch von mir! — Punkti dixum. [Zu Clara.] Schreib! So soll ihm noch kein Mensch die Wahrheit gegi — gegei

— gegogen haben — [diktirt]. Mein Herr! Sie hatten heute bei das Bezirksgericht die Unverschämtheit — wo steht Unverschämtheit? —

Clara. Hier!

Weigel. Ist sie groß genug?

Clara. Das weiß ich nicht — ich war nicht dabei.

Weigel [diktirt]. — Die Unverschämtheit gehabt, gegen mich auszusagen. — Solche Leute brauche ich nicht in meinem Hause — ich kündige Ihnen daher Ihre Wohnung, woraus Sie sehen können, was Ihr Hausherr kann — Ihr Zimmerherr, der Lump muß hinaus.

Mehlmeyer [vorkommend]. Den Lumpen nehmen Sie augenblicklich zurück, oder wir sehen uns beim Bezirksgericht.

Weigel. So nimm den Lumpen weg und schreib Hungerleider.

Mehlmeyer. Ist auch erlogen, denn ich kann meinen Hunger gar nicht leiden.

Weigel. So schreib' „Narr!“

Mehlmeyer. Den laß' ich meinetwegen gelten, Tralalala — [Mehlmeyer ab.]

Clara [bestimmt]. Den Brief kannst Du nicht wegschicken.

Weigel. Warum nicht?

Clara. Du würdest Herrn Willner beleidigen.

Weigel. Das will ich ja.

Clara. Das ist aber unrecht, denn Herr Willner hat seine Pflicht erfüllt, indem er als Zeuge die Wahrheit gesagt hat! Zudem kommt seine Aussage einer armen und unglücklichen Familie zu Gute.

Weigel. Ei! Schau' einmal! Die Bagag' is Dir viel mehr ans Herz g'wachsen als Dein Bruder Leopold.

Clara. Allerdings. Wenn es sich blos um die Befriedigung seiner Laune handelt.

Weigel. Willst Du vielleicht auf Leopold schimpfen — Du! [drohend.] Das vertrag' ich nicht! Er is mein Herzbünkerl und kriegt sein Pferdestall — verlaß' Dich d'rauf. — Gib mir den Brief!

Clara. Du kannst Dir große Unannehmlichkeiten bereiten, — wenn Du den Brief absendest!

Weigel. Das ist meine Sache — her damit!

Clara [erregt]. Nein — das Unrecht soll wenigstens nicht durch meine Hand geschehen — ich kann es nicht zugeben, selbst auf die Gefahr hin, Dich böse zu machen! [Zerreißt den Brief.]

Weigel. Ah! [starrt sie verblüfft an.] Du unterstehst dich? [nimmt den Stock und holt wie zum Schlage aus.]

Clara [weicht zurück und streckt die Hände Weigel abwehrend entgegen.]

Eilfte Scene.

Vorige. Rudolf.

Rudolf [im Rock, die Mütze in der Hand, tritt in demselben Augenblicke von rechts ein, als Weigel drohend auf Clara zugeht. Er tritt rasch zwischen ihn und Clara]. Hoho! Was sind das für verdächtige Bewegungen?

Weigel. Was wollen Sie! Scheren Sie sich in die Werkstatt!

Clara. Nein, Rudolf, bleiben Sie! In Ihrer Gegenwart wird es mein Vater nicht wagen, mich zu schlagen.

Rudolf. Schlagen? Die Clara schlagen! Und warum?

Weigel. Weil sie ein boshaftes Ding ist, die ihren Bruder verleumdet.

Rudolf. Ach so, das Herzbünkerl ist wieder der Zankapfel. Hören Sie, Herr Weigel, es is ein Skandal, daß Sie sich von Ihrer Affenliebe so weit verblenden lassen, daß —

Weigel [die Arme in die Seite stemmend]. Mensch! Was untersteht er sich?

Rudolf. Richtig, ich sprech', als ob ich schon zur Familie gehörte. [Zu Clara.] Ach so, der weiß noch nix, wie? Na, daß ich es kurz mache. Die Clara und ich, wir haben uns vorhin verlobt, und ich bin eben gekommen, bei Ihnen um Ihre Tochter anzuhalten.

Weigel. Herr Gott! Nu tanzt der Teufel mit seiner Großmutter. Ah! Ich hab' wohl nicht recht gehört?

Clara. Es ist so, wie er sagt, Vater; ich habe eingewilligt, sein Weib zu werden.

Weigel. Mädel, bist Du verrückt? Du willst den Menschen da heiraten?

Rudolf. Und warum nicht?

Weigel. So einen Menschen — der — der —

Rudolf. Na?

Weigel. Der nix hat und nix is, als ein ganz ordinärer Schuster?

Rudolf [ruhig]. Sie habens nöthig! Was sind Sie denn anders als ein Schuster?

Weigel. Daß ich nix ander's bin als ein Schuster, is nicht meine Schuld. Ich kann es meinem Vater heut noch nicht verzeihen, daß er mich nit wenigstens Doktor oder so was hat werden lassen. Darum aber werde ich noch lange nicht zugeben, daß sich meine Tochter wegwirft. Wenn ich sage, wegwirft, dann meine ich — Sie!

Clara. Vater, Du beleidigst mich, wenn Du so nichtachtend von Herrn Starke sprichst.

Weigel. Herr Starke is ein Schustergeselle, mein Geselle, dem ich hiermit mein Haus verbiete.

Clara. Vater, überlege, was Du thust. — Wenn Du Herrn Starke das Haus verbietest, trennst Du Dich auch von mir — ich werde ihn nicht verlassen.

Weigel [achselzuckend]. Geh' doch, ich halt Dich nit!

Clara [das Gesicht mit beiden Händen bedeckend]. O, mein Gott!

Rudolf. Ruhig, Clara, es wird so schlimm nicht kommen.

Zwölfte Scene.

Vorige. Leopold.

Leopold [von der Mitte]. Was bedeutet das — was geht denn eigentlich hier im Hause vor? Alle Parteien stehen im Hofe beim Flickschneider und als ich vorbeiging, zischelten sie sich untereinander zu, da ist er! Der Schuster als Cavalier. Und dabei sahen die Leute so drohend aus, als ob sie gegen mich was im Schilde führten.

Weigel. Sie sollen sich nur unterstehen! Die ganze Bagage jag' ich raus! Allen Parteien wird gekündiget. Aber noch besser, g'steigert wer'ns um 25 Prozent! Wahrscheinlich hat sie der Flickschneider aufgehetzt. Aber da schau' Leopold die Neuigkeit da an, das is schon das Allerbeste. Dein Fräulein Schwester und der Herr Schusterg'sell Starke wollen sich heiraten.

Leopold. Nicht möglich!?

Weigel. Das hab' ich auch g'sagt! Is Dir je so eine Frechheit von ein' simplen Schuster vorkommen?

Rudolf. Herr!

Clara [fällt ihm ihn die Arme].

Leopold. Ich begreife nur Clara nicht. Daß dem Herrn Starke da Dein Vermögen sehr begehrlich erscheint, ist am Ende nicht zu verwundern.

Rudolf. I! Da soll doch gleich —

Clara [hält ihn zurück].

Weigel. Richtig, mein Geld sticht ihm in die Nase! Ihr sollt's nit z'kurz kommen. Wenn Du den Menschen heiratest, sind wir geschiedene Leut! Aber das Vermögen, das Deine Mutter in's Haus bracht hat, die 10.000 Gulden sollst haben. An dem Tag', wo Du Hochzeit machst, werde ich das Geld für Dich eintragen lassen auf mein Haus.

Leopold [bei Seite]. Oho, so war's nicht gemeint.

Rudolf. Behalten Sie Ihr Geld, ich will es nicht.

Weigel. Ich laß' mir von Ihnen nichts schenken, Sie Erbschleicher!

Rudolf [sich von Clara losmachend]. Nun ist's aber genug. Ich will mich um Clara's Willen zusammennehmen, sonst würde ich Ihnen und Ihrem saubern Herrn Söhnchen anders auf den Pelz rücken.

Weigel. Leopold, gib mir Deinen Stock. [Nimmt Leopold's Spazierstöckchen und hält es abwehrend gegen Rudolf].

Leopold [flüchtet sich hinter Weigel].

Rudolf. So viel aber will ich Ihnen doch sagen: Vergessen thue ich Ihnen den Schimpf, den Sie mir Heute angethan haben, nie. [Tritt zur rechten Seitenthür]. Gut, daß Ihr da seid! Euer Altgesell nimmt Abschied von Euch, und von dem Haus für immer!

Dreizehnte Scene.

Vorige. Hampel, Veit, Trenker, Pepi, Gesellen, u. Lehrbuben.

Gesellen und Lehrbuben [durcheinander]. Was ist geschehen?

Rudolf. Der Vater, der jagt seine Tochter aus'n Haus, weil sie mich heiraten wird! Der Meister jagt seinen braven Altgesellen fort, weil er seine Tochter heiraten wird! B'hüt Euch Gott, Kinder, und wann's einmal an Arbeit brauchts, so kommts zum Meister Rudolf Starke, der wird [mit Beziehung.] g'wiß immer Arbeit g'nug hab'n!

Weigel. Hinaus — Alle Beide augenblicklich hinaus!

Clara. Vater! [sinkt bittend in die Knie.]

Weigel. Du hast die Wahl zwischen uns und ihm!

Clara. Ich kann nicht anders, Vater.

Weigel. So geh'!

Rudolf. Steh' auf, Clara! Denken Sie an die Stund', Herr Weigel. Sie werden sich vielleicht noch einmal nach Ihrer Tochter sehnen — dann führt der Weg zu ihr an mir vorüber. Daß es mit Ihrem prahlerischen Reichthum nicht zu lange dauert, dafür wird dieses Früchtel von Sohn schon sorgen, und wenn Sie am Hungertuche nagen, so denken Sie an Ihr verstoßenes Kind. Denken Sie der jetzigen Stund' und vergessen Sie nicht, was ich Ihnen jetzt sage: Bevor Sie nicht vor mir auf den Knien liegen, wie Ihr Kind vor Ihnen jetzt gekniet hat, bevor bekommen Sie in meinem Hause kein Stück Brod! So! [Den Hut aufsetzend.] Jetzt komm', Clara!

[Ab mit Clara und den Gesellen.]

(Melodram, die Musik zum Refrain von Weigel's Entreelied. Erst leise).

Ende des ersten Aktes.

Zweiter Akt.

Drittes Bild.

(Sehr elegant ausgestatteter Salon mit Mittel- und Seitenthüren).

Erste Scene.

Minna. Lieferanten.
1. Kellner.

Nr. 6 Chor.

Lieferanten.
Wir sind so frei und präsentiren
Die Rechnung für den jungen Herrn.

Minna.
Man wird sie alle honoriren —

Chor.
Gewiß, ein Zweifel liegt uns fern.
Nur möchten wir gehorsamst bitten —
Die Zeiten sind jetzt gar so schlecht —
Ein jeder hat Verlust erlitten —
Daß man uns bald bezahlen möcht'.
2c. 2c.

Minna. Meine Herren! Ich verstehe Ihre zarte Anspielung; — Sie wollen sagen, wenn Sie recht bald das Geld für Ihre Rechnungen kriegen, würden Sie sich einen kleinen Abzug zu meinen Gunsten gefallen lassen.

Erster Lieferant. So ist es, mein werthes Fräulein.

Zweiter Lieferant. Nicht, daß wir es so nöthig brauchten, aber man hat doch auch bei den schlechten Zeiten Verluste —

Minna [legt die Rechnungen, welche ihr die Lieferanten während des Chores eingehändigt haben, auf den Tisch links]. Verlassen Sie sich auf mich, ich werde dafür sorgen, daß Ihre Rechnungen noch heute bezahlt werden.

Die Lieferanten [sich um Minna drängend]. Mein liebes Fräulein, im Voraus unsern Dank!

Minna [vornehm grüßend]. Auf Wiedersehen, meine Herren!

Chor repet.

[Dann Alles ab, bis auf]:

Zweite Scene.

Minna [allein]. Ein ganz hübscher Posten, hier als Wirthschafterin — das ist gar nicht zu läugnen. Blos Vater und Sohn — kein weibliches Wesen außer mir — keine Markt-Controle wie bei Frln. Clara; da gibt es nie Zank — selbst bei dem gewagtesten Schmu, — immer Zufriedenheit und Eintracht — So 'n einträgliches Leben, habe ich noch nie geführt.

Dritte Scene.

Minna. Sandor.

Sandor [von der Mitte]. Jo veggelt Kiss-aszoni!

Minna. Ah, da hört sich Alles auf, der Sandor. Sie haben mich aber recht erschreckt. Wie kann man ungeklopft bei seiner Braut eintreten.

Sandor. Bitte ich um Verzeihung, schöne Minka, war das Hußaren-Ueberfall.

Minna. Wie kommen Sie überhaupt zu so ungewohnter Stunde hieher?

Sandor. Hat, wieso, ungewohnte Stunde — puncto Neune —

Minna. Ja, aber Früh und nicht Abends —

Sandor. Ich werde so frei sein, edes fiam und Abends ausnahmsweise punkto fünfe auch kommen. Wir gehen zu Tauber auf Gulyas, wenn Ihnen paßt! —

Minna. Sie traktiren mich, Herr von Istvány!

Sandor. Werd' ich so frei sein, Kiss-aszany! — Baratom von mir is Koch im Hotel Tauber, er hat mich eingeladen, auf echtes Gulyas mit ungarischem Lagerbier aus Schwechat.— Darf ich rechnen, auf besondere Ehre, Minka?

Minna. Wenn ich Erlaubniß erhalte, gewiß.

Sandor. Azutam, Punkto fünfe bin ich da. [Grüßt militärisch, schlägt die Sporen zusammen.] Servus, Minka! [will ab.]

Minna. Escadron! Halt! Front!—

Sandor [gehorcht].

Minna. Sind Sie denn gar nicht a bissel leichte Cavallerie! Sie dürften beim Fuhrwesen dienen! —

Sandor [salutirend]. Zu Befehl, Minka!

Minna. Ich meine, wenn man eine so hübsche Braut hat, so geht man doch nicht ohne einen Kuß —

Sandor [mit der Zunge schnalzend.] Eigentlich nicht, aber die ungewohnte Stunde.

Minna. Wie so, es ist ja neun Uhr.

Sandor. Ja, aber Früh und nicht Abends.

Minna. Ah was, ein Kuß ist Früh auch nicht zu verachten.

Sandor. Hât, wenn Sie glauben, bin ich so frei! [Küßt sie.] Servus, Minka!

[Ab.]

Vierte Scene.

Minna, dann Weigel.

Minna. Der Sandor traut sich noch nicht recht; aber das macht nichts; er dient noch nicht lang, ich bin seine erste Eroberung. — Wann der a paarmal im Feuer war — schaut er beim Küssen g'wiß nit mehr früher auf d' Uhr, ob die Zeit dazu da is — übrigens ist seine Treue erprobt, und eine gemäßigte Zärtlichkeit mit Ausdauer ist die solideste Basis eines derartigen Verhältnisses —

Weigel [im Schlafrock von rechts]. Is mein Sohn schon aufgestanden?

Minna. Ich glaub' nit.

Weigel. Schad', ich habe Hunger.

Minna. Woll'n Sie allein frühstücken?

Weigel. Ich bin zwar sehr hungrig — aber nein — er könnt es übel nehmen, und er is ohnedem so wenig zu Hause.

Minna. Er hat viel am Gericht zu thun! —

Weigel. Natürlich! — Du glaubst gar nicht, wie fleißig er ist — Paß' auf, was der für a Canari — Carriere macht.

Minna. Oh, wenn er so fortfahrt, gewiß — [gibt ihm die Rechnungen] Hier.

Weigel. Was hast denn da?

Minna. Rechnungen!

Weigel. Für mich?

Minna. Na ja! — Das heißt: eigentlich sind's für'n jungen Herrn. Die Leut' möchten gern ihr Geld haben.

Weigel. Das wird wohl nicht so eilig sein. [Setzt sich an den Tisch rechts.] Ich werd' mit'n Leopold d'rüber sprechen.

Minna. Das würde ich nicht thun an Ihrer Stelle.

Weigel. Was denn?

Minna. Die Leut' auf ihr Geld warten lassen. Das würde dem jungen Herrn, glaub' ich, nicht angenehm sein.

Weigel. So! Meinst Du? Na, gib her. [Nimmt aus der Tasche eine alte Brille ohne Gläser, setzt dieselbe auf die Nase und läßt sich von Minna die Rechnungen zeigen. Er liest, langsam buchstabirend.] Ein schwe—schwe—rer—

Minna [welche Ihm über die Schulter sieht, corrigirend]. Schwarzer —

Weigel. Richtig, schwarzer Spitz — was, ein schwarzer Spitz? Donnerwetter, das ist ein theurer Spitz — 200 fl.

Minna. Ein schwarzer Spitzenüberwurf —

Weigel. Ach so, trägt denn mein Herr Sohn so was?

Minna. Nein, aber 's gibt da — darum doch Leute, die das tragen.

Weigel. So! [Nimmt eine andere Rechnung]. Ein Bra— Brazal— mit Brillen — Wie?

Minna. Ein Bracelet mit Brillanten.

Weigel. Die Brillen is nix nutz.

Minna. Es sein gar keine Gläser d'rin, Herr Weigel.

Weigel [die Brille abnehmend]. Richtig! Jetzt kannst Du Dir denken, wie kurzsichtig als ich bin, das hab' ich gar nit gesehen. [Minna die Rechnung gebend.] Was kost' denn das Bracelet mit Brillanten?

Minna. Tausend Gulden!

Weigel. Donnerwetter!

Minna. Soll ich weiter lesen?

Weigel. Laß gut sein, ich will doch erst mit'n Leopold sprechen. [Bei Seite]. Wenn er nur käme, mir knurrt der Magen schon.

Minna. Herr Weigel, ich thät' recht schön bitten —

Weigel. Was?

Minna. Daß Sie mir erlauben, daß ich heut' Abend mit mein Bräutigam ein Stünderl ausgehe.

Weigel. Heut? Mitten in der Wochen!

Minna. Na, wenn's nit wollen! — Ich werde jetzt den Kaffee bringen.

Weigel. Ja, d. h., nein, mein Sohn —

Minna. Ach, thun's doch nit immer, als wann Sie sich vor dem jungen Herrn fürchten thäten, der is so gut, der thut Ihnen nix.

Weigel [lächelnd]. Ja, gut is er!

Minna. Und ein netter Mensch! Nein, wie der wieder gestern reizend aussah, in dem neuen grauen Anzug, wie ein Baron!

Weigel [freudestrahlend]. Nicht wahr? Ich sag' Dir's — is ein ordentliches Vergnügen mit ihm über d' Straßen zu gehen, alle Leute schauen ihm nach. — Wenn ich sag' Leute, so meine ich die Damen. Die verliebten Blicke, die sie ihm zuwerfen, das geht immer so und dann so.

Minna. O, Herr Weigel, wem sagen Sie das? Meinen Sie denn, mein Sandor is nit eifersüchtig?

Weigel. Hahaha! Wirklich? Sag' mir! Willst Du lang ausbleiben, heut' Abend?

Minna. Bewahre, blos eine Stunde.

Weigel. Na, meinetwegen kannst geh'n.

Minna. Sie sind doch zu gut. Es is gar kein Wunder, daß Ihnen der junge Herr so gern hat.

Weigel [rasch]. Du meinst also, daß mich mein Sohn, mein Leopold, gern hat?

Minna. Na, das sieht doch Jeder! [Nach links horchend.] Ich glaub' übrigens, er ist aufg'standen.

Weigel. Ja! Na, so bring' schnell 's Frühstück, damit er nicht warten muß.

Minna. Gleich! [Bei Seite, im Abgehen.] Das wußt' ich, daß ich den Alten herum krieg', den muß man nur in's richtige Fahrwasser bringen.

[Ab durch die Mitte.]

Fünfte Scene.

Weigel. Leopold, später Minna.

Weigel [nachdenkend]. Sie meint, es sieht Jeder, daß er mich gern hat, ich weiß nicht, manchmal kommts mir vor — ach was, das sind dumme Gedanken, wer wird sich mit so was quälen!

Leopold (von links).

Weigel (Leopold bemerkend). Da is er ja. (Geht auf ihn zu). Guten Morgen, Leopold. Du hast aber heute lang geschlafen.

Leopold (gähnend). Ja, ich war müde, bin spät nach Hause gekommen.

Weigel. Du siehst auch blaß aus, Du bist doch nicht unwohl?

Leopold. Nein!

Weigel. Am Ende strengst Du Dich zu sehr mit der Arbeit an?

Leopold. Nein!

Weigel. Aber, warum bist Du denn so blaß?

Leopold. Mein Gott, man sieht nicht einen Tag wie den andern aus! Ist das Frühstück noch nicht da?

Weigel. Minna wird es gleich bringen! [etwas verlegen.] Schau' amal, Leopold, diese Massa Rechnungen, die gekommen sind.

Leopold [sich nachlässig auf einen Sessel werfend]. So?

Weigel. Möchtest Du sie nicht durchsehen? [Gibt ihm die Rechnungen.]

Leopold [prüft sie oberflächlich]. Ja, das hat Alles seine Richtigkeit. Die Rechnungen sind alle noch nicht quittirt.

Weigel [rasch]. Du hast sie also schon bezahlt?

Leopold. Ich?!! Wie käme ich dazu, seit wann führe ich die Kassa?

Weigel. Na, ich meine blos, weil ich dir doch vorgestern erst 1000 Gulden gegeben hab'!?

Leopold. Als Taschengeld, — verlangst Du etwa, daß ich von meinem Taschengelde auch die nothwendigsten Bedürfnisse bestreite?

Weigel. Nein, das Allernothwendigste nicht, aber [die Rechnungen nehmend] ein Spitzenüberwurf und Brillantenarmbänder, das is doch eigentlich —

[stark verlegen]

Leopold, Was? Das sind kleine Präsente, die man nothwendiger Weise machen muß, wenn man sich in der eleganten Welt bewegen und sich nicht lächerlich machen will! —

Weigel [begütigend]. Na ja, Du mußt das ja besser wissen, ich meinte nur blos —

Leopold [trommelt unruhig mit den Fingern auf dem Tisch herum].

Weigel. So, da kommt der Kaffee!

Minna [von der Mitte mit Kaffeebrett, auf dem Tassen und so weiter, und eine Zeitung, sie servirt das Frühstück auf dem Tisch rechts.] Guten Morgen, junger Herr!

Leopold [verdrießlich, kurz]. Guten Morgen! —

Minna [bei Seite]. Der scheint bei schlechter Laune zu sein. Aha! Die Rechnungen. Der Alte muß aber doch ausrücken —

[ab Mitte.]

[Leopold und Weigel sitzen an dem Tisch rechts und frühstücken.]

Weigel [essend]. Leopold, wer war denn das Mädchen, mit dem Du gestern Mittag im Prater g'fahren bist, Ihr habts mich beinah nieder'gführt.

Leopold, Die Dame war ein sehr achtbares Mädchen, meine Freundin! —

Weigel. Das heißt, wenn Du sagst, Freundin — Du Schlankel! Das heißt wohl die, die die schwarzen Spitzen und Brillanten trägt, he?

Leopold. Lieber Vater, das ist heute schon das zweite Mal, daß Du Dich in sehr auffallender Weise über meine kleinen Depens'en moquirst. Es scheint demnach, als ob meine Besorgnisse nicht unbegründet wären.

Weigel [lauernd]. Ich fürchte, daß es mit Deiner Kassa schlecht bestellt ist. [Ausweichend.] Na, na, es wird wohl noch aushalten! — [gutmüthig.] Freilich! du nimmst mir das nicht übel, Leopold, ein bischen viel gibst Du aus!

Leopold [ärgerlich]. Da haben wir's ja! —

Weigel. Du wirst doch bald a Anstellung bekommen!

Leopold. Eine Anstellung? Und wenn ich auch eine erhalte —

Weigel. Was kriegst Du denn da?

Leopold. Nach und nach so viel, daß ich täglich den Hausmeister bezahlen kann.

Weigel. Ach geh', Du machst ein Spaß. —

Leopold. Wenn Du wünschest, daß ich von einem Beamtengehalt existiren soll, dann wäre es besser gewesen, Du hättest mich anstatt „Jus" studiren zu lassen, gelehrt, wie man mit dem Pechdraht hantirt. —

Weigel [würgt an einem Bissen]. Ach, der Bissen ist mir in eine unrechte Kehle gekommen.

Leopold. Gerade heraus, lieber Vater, wenn Deine Mittel nicht dazu ausreichen, dann hättest Du mich nicht an ein unabhängiges Leben gewöhnen, und mich nicht in dem Glauben lassen sollen, daß ich der Sohn eines reichen Mannes bin. — Jetzt wird es mir schwer fallen, meinen Gewohnheiten zu entsagen! —

Weigel. Das verlange ich auch gar nicht.

Leopold. Ich weiß es aber, daß Deine Vermögensverhältnisse durchaus nicht so glänzend sind, wie Du mich glauben machen möchtest! Warum hast Du Dein Haus verkauft?

Weigel. Weil es die Leut' immer das Weigelhaus und Schusterhaus genannt haben, das hat mich genirt. —

Leopold. Du hättest dir übrigens leicht helfen können, wenn Du bei dem Verkauf deines Hauses die 10000 fl. gerettet hättest, welche Du unnützer Weise Clara an den Hals geworfen hast! —

Weigel [vorwurfsvoll]. Leopold! Clara ist Deine Schwester. —

Leopold. Sie hat sich von uns losgesagt, Deine Großmuth war hier ganz überflüssig. Wenn ich aber den Verkauf des Hauses auch gelten lassen wollte, das Schlimmste ist, daß Du auch dein Geschäft aufgegeben hast. Es war doch sehr einträglich, Du hattest eine große Kundschaft, und dann bist Du am Ende doch noch ein Mann, in den besten Jahren, so rüstig und kräftig — ich begreife gar nicht, wie Du Dich so ganz ohne Arbeit wohl fühlen kannst? —

Weigel [eine Tasse fallen lassend, nachdem er versucht, selbe zum Mund zu führen].

Leopold. Was gibts denn? —

Weigel [sich mit dem Rockärmel die Augen auswischend]. Nichts, nichts, mir ist blos was in die Augen geflogen, und — und da habe ich die Tasse fallen lassen. [Bückt sich zur Erde, und hebt die Tasse auf.]

Leopold. Es war nothwendig, daß wir uns einmal ohne Rückhalt aussprachen — da dieß nun geschehen, will ich Dir auch sagen, daß ich meinerseits schon Mittel und Wege gefunden habe, die Situation zu klären, ich will ein Opfer bringen.

Weigel [erfreut]. Du willst dich mehr einschränken?

Leopold. Nein, ich kann meine Lebensgewohnheiten nicht ändern, und ich will es auch nicht.

Weigel. Wie meinst Du denn das mit dem Opfer? —

Leopold. Das beste Auskunftsmittel ist eine reiche Partie, ich werde mich verheiraten. —

Weigel. Was Du sagst! — Du bist also verliebt?

Leopold. Durchaus nicht. Aber das Mädchen, welches ich heiraten will, ist bis über beide Ohren in mich verliebt!

Weigel [nachdenklich]. So, so, dann ist also sie eigentlich das Opfer.

Leopold. Nein, meine Freiheit ist es, die ich in den Kauf gebe. Ich habe bereits bei Herrn Schwalbach um die Hand seiner Tochter angehalten; er hat mir zwar noch keine bestimmte Zusage gemacht, aber Emilie ist sein einziges Kind, sie liebt mich, und ich wüßte nicht, was er an mir auszusetzen haben sollte.

Weigel. Nein, das wüßte ich auch nicht. Also, Schwalbach heißt er? Was ist er denn?

Leopold. Er ist Kaufmann, sehr reich, und er hat mir versprochen, Dich heute zu besuchen, jedenfalls, um das Nähere über die Heirat mit Dir zu besprechen. Sei klug, Vater, und vor allen Dingen laß' ihm nicht merken, daß es mit unseren Finanzen schlecht bestellt ist. Du handelst nicht nur in meinem, sondern in Deinem Interesse, wenn Du dafür sorgst, daß die Hochzeit bald, sehr bald stattfindet.

[Wendet sich nach links.]

Weigel. Leopold!

Leopold. Hm!

Weigel. Du hast heut' so sonderbar mit mir g'redt, wie noch nie! —

Leopold. Lieber Vater, wenn Du über das, was ich Dir jetzt gesagt habe, ruhig nachdenkst, so wirst Du mir für meine Offenheit noch Dank wissen. [Sich umwendend.] Hast Du mir sonst noch etwas zu sagen?

Weigel. Ja! [holt tief Athem, als wollte er etwas sagen, hält aber inne, und spricht.] Ich wollt' Dich blos fragen, ob man sich auf den Mielisch, den Du mir empfiehlst, Du weißt doch, zum Vorlesen und Briefschreiben, weil meine Augen so schwach sein, ob man sich auf den Menschen auch verlassen kann?

Leopold. Gewiß! Gewiß! Was veranlaßt Dich zu dieser Frage?

Weigel. Na, er kommt mir seit einiger Zeit so sonderbar vor. —

Leopold [bei Seite.] Oho! das wird bedenklich, da heißt's auf der Huth sein. [Laut.] Du kannst ganz unbesorgt sein, — Mielisch ist ein sehr verläßlicher Mensch! —

Weigel. So, dann bin ich schon beruhigt.

Leopold. Vergiß nicht den Herrn Schwalbach! Nicht wahr, Du wirst ihn nicht eher fortlassen, als bis der Tag der Hochzeit bestimmt ist! —

Weigel. Laß nur mich machen!

Leopold [Weigel die Hand reichend]. Und Du bist mir nicht mehr böse?

Weigel. Mein Leopold, mein Sohn, wie könnt' ich Dir böse sein! —

[Nimmt Leopold's Kopf in beide Hände und küßt ihn herzlich.]

Leopold [rasch links ab.]

Sechste Scene.

Weigel, dann Emma und Marie.

Weigel. Er hat halt doch ein gutes Herz, und g'scheidt is er, hat gleich eine Hülf'! — wenn er merkt, daß's mit'n Geld aus is, ich mag ihm gar nicht sag'n, wie es aus ist. — Is Schwalbach wirklich so reich, dann ist freilich für'n Leopold g'sorgt, aber ich, was fang' ich an? — Ach was, Leopold hat Recht, ich bin noch kräftig und gesund, ich kann noch arbeiten, wenn nur ihm nix abgeht, das ist die Hauptsache! —

Emma [Marie nachziehend]. Komm' nur, Marie, Du hörst ja, daß er zu Hause ist. —

Weigel [erstaunt]. Na, was ist denn das für ein Besuch? —

Emma. Herr Weigel, ich weiß nicht, ob Sie noch die Ehre haben, uns zu kennen. Ich bin Fräulein Emma Willner, und das ist meine Schwester Marie

Weigel. Willner — Willner! Ah, die Offizialstöchter.

Emma. Sie irren sich, wir sind mittlerweile zu Rathstöchtern avancirt.

Weigel [barsch]. Was wollen Sie hier? — Wie kommen Sie überhaupt hier h'rein? Bei mir wird Niemand ungemeldet vorgelassen.

Emma. Haben Sie wohl die Güte, unseren Besuch Ihrem Herrn Sohne anzumelden. —

Weigel. Mein Sohn is im Augenblicke nicht momentan.

Emma. Nicht momentan? So? — Wenn Sie damit sagen wollen, daß Herr Weigel jun. nicht zu Hause ist, so müssen Sie mir schon erlauben, Sie Lügen zu strafen, denn Ihre Köchin hat uns des Gegentheiles versichert.

Weigel. Was wollen Sie von meinem Sohn?

Emma. Es bleibt Ihnen unbenommen, dieser Unterredung beizuwohnen.

Weigel. Da bin ich doch neugierig. [Zur Thüre.] Leopold, komm' einen Augenblick heraus!

Emma. Marie, Du zitterst ja, setze Dich doch!

Marie. Du hättest mir die Demüthigung ersparen sollen, was bezweckst Du mit diesem Schritte? —

Emma. Ueberlaß' das mir! [Drängt sie zu einem Stuhl.] Mein Herr! Sie erlauben doch, daß meine Schwester von Ihrer freundlichen Einladung, Platz zu nehmen, Gebrauch macht?

Weigel [bei Seite]. Was der Nikel für eine boshafte Zunge hat!

Emma. Wie meinen Sie? Sie hätten uns gar keinen Stuhl angeboten? Meine Schwester soll wieder aufstehen?

Weigel. Nein! Meinetwegen kann sie sitzen bleiben! —

Emma. Das wissen wir ja ohnehin, deshalb sind wir eben da! —

Siebente Scene.

Vorige. Leopold.

Leopold [zum Ausgehen gekleidet, von links]. Was gibts? [bei Seite.] Alle Teufel, die Marie! —

Weigel. Leopold, kennst Du diese Damen?

Emma. Die Bekanntschaft meiner Schwester wird der junge Herr wohl nicht ableugnen können, und mich soll er gleich kennen lernen. — Ich bitte die Herren, mir fünf Minuten Gehör zu schenken, damit ich Ihnen eine kleine Geschichte erzähle . . .

Weigel. Was für eine Geschichte?

Emma. Es ist eine alte Geschichte, doch bleibt sie ewig neu, wie „Heine" sagt, den Sie vielleicht dem Namen nach kennen! —

Weigel. Ich kenne viele „Heines", wer weiß, welchen Sie meinen?

Leopold. Was wünschen Sie eigentlich von mir, mein Fräulein? —

Emma. Eine Kleinigkeit, mein Herr, eine einfache Erklärung. Sie haben, wie Sie sich vielleicht erinnern werden, meiner Schwester Marie versprochen, sie zu heiraten! —

Weigel. Mein Leopold, hast Du wirklich?

Leopold. Nun ja, ich habe allerdings mit Fräulein Marie eine kleine Bekanntschaft gehabt, wenn ich aber gewußt hätte, daß sie dieses Verhältniß so ernst nehmen würde —

Marie. Leopold! —

Emma. So ernst? — ! Sie haben ganz Recht, die Sache ist ja eigentlich nur spaßhaft. Ein Mädchen, welches den Liebesschwüren eines jungen Mannes glaubt, und sich grämt und abhärmt, wenn sie sich betrogen sieht, das ist lächerlich. Wir aber, aus dem einfachen Hause Willner, sind nun einmal so — da ich jedoch nicht zugeben kann, daß meine Schwester ihr junges Leben vertrauert um eine so alltägliche Geschichte, um einen leichtsinnigen, liederlichen Burschen —

Weigel. Oho! —

Leopold. Mein Fräulein!

Emma [sehr freundlich]. Ich möchte die Herren bitten, mich ausreden zu lassen. [Im früheren Tone.] Ich sagte, um einen leichtsinnigen, liederlichen Burschen, dem ein gebrochenes Mädchenherz nicht mehr gilt, wie eine leere Champagnerflasche — so habe ich ihr versprochen, sie durch eine „Radicalcur" zu heilen! [zu Leopold.] Mein Herr, sagen Sie meiner Schwester gefälligst, daß die Härte des Gesetzes Sie hindert, alle Mädchen, mit denen Sie, wie sie sich auszudrücken belieben, eine kleine Bekanntschaft haben, zu heiraten; daß sie also nothwendiger Weise an Allen, ausgenommen die Eine, welche ich durchaus nicht beneiden will, zum Betrüger werden müssen. Und ich bin überzeugt, meine Schwester wird endlich einsehen, wie unwürdig es ist, sich und ihre Familie zu bekümmern, um einen Menschen wie [mit einer verächtlichen Handbewegung] Sie!

Leopold [mit verhaltenem Aerger]. Mein Fräulein! wenn ich Ihnen antworten wollte, müßte ich fürchten, die Rücksichten außer Acht zu lassen, welche Ihr Geschlecht beanspruchen kann. Ich überlasse es darum meinem Vater, Ihnen zu antworten! —

Weigel. Was soll ich denn sagen?

Leopold. Sage den Damen, daß Du noch heute den Besuch meines Schwiegervaters erwartest! — [eilig ab durch die Mitte.]

Marie [das Gesicht verhüllend]. O, mein Gott! —

Achte Scene.

Vorige, ohne Leopold.

Weigel. Ja, es ist wahr, liebes Kind, mein Sohn ist so gut wie Bräutigam. — Kennen Sie den reichen Schwalbach?

Marie. Nein!

Weigel. Der ist es, oder vielmehr seine Tochter, sie ist furchtbar in ihm verliebt, Sie werden also einsehen, Fräulein —

Emma. Sie sind wirklich zu freigebig mit Ihren Tröstungen Herr Weigel, wir bedürfen derselben am Allerwenigsten aus Ihrem Munde. Marie, geh' voraus, ich habe mit dem Herrn da noch ein paar Worte entre nous zu sprechen — ich komme gleich!

Marie. Ich weiß nicht, Emma, was hier noch zu sprechen wäre.

Emma. Du sollst es später erfahren, bitte, geh' jetzt!

Marie. [Mitte ab.]

Neunte Scene.

Weigel. Emma.

Weigel. Das Mädchen ist mir unangenehm, aber ich kann nit einmal vom Herzen grob werd'n, so liebe Augen hat sie.

Emma. Ich möchte Ihnen einen Vorschlag machen, mein Herr! Tauschen wir die zwischen Marie und Ihrem Sohn gewechselten Briefe aus!

Weigel. Das ist nit nothwendig. Ihre Schwester scheint so ein gutes Mädchen zu sein, sie hat meinem Sohn g'wiß nichts Unrichtiges geschrieben.

Emma. Das sicher nit, denn sie schreibt orthographisch richtig. Es ist auch nicht der Inhalt der Briefe, sondern deren Adresse, welcher sie sich schämen muß!

Weigel [lachend]. Das ist schon wieder eine kleine Bosheit! Sie freche Person.

Emma. Finden Sie?

Weigel. Ja, ja! Wegen die Briefe werde ich mit meinem Leopold sprechen, damit basta. Im Uebrigen kann ich von Ihrem werthen Besuch keinen Gebrauch mehr machen, ich muß mich jetzt mit meiner Toilette befassen. Denn ich erwarte heute noch verschiedene Leut' — d. h. unter Verschiedenen Leuten verstehe ich —

Emma. Verstorbene!

Weigel. Ah was, Verstorbene! Sehr vornehme, sehr reiche Leute, versteh' ich darunter. [Vornehm.] Bon Soir Mamsell! [Will rechts ab.]

Emma. Sie entschuldigen. Das ist wohl ein Mißverständniß — es ist jetzt 11 Uhr Vormittags und bon Soir heißt — was Sie kaum wissen dürften „guten Abend“.

Weigel [an der Thüre, ärgerlich]. Ach, was, das ist mir Wurst. Ich hab' ohnedieß gemeint bon — bon — bon — was anderes — bon Morgen! [Ab.]

Emma [allein]. Ha ha ha! Vater und Sohn haben sich ordentlich geärgert, und ich hege die Hoffnung, Marie gründlich zu heilen von ihrer Leidenschaft für diesen saubern Herrn Leopold, der ihrer so ganz unwürdig ist. Da lobe ich mir doch meinen Mehlmeyer, der, wenn auch nicht immer den Kopf, doch das Herz auf dem rechten Fleck hat. Freilich war es sehr komisch, als er mir seine Liebe erklärte, ja, Jeder hat da so seine eigene Weise.

Couplet.

Die Männer sind meistens gar schnell bei der Hand,
Wenn es gilt, uns die Lieb zu erklären.
Verschiedene Manieren hat jeglicher Stand,
Und ein Jeder mag anders wohl schwören —
Kommt ein Student mit heit'rer Miene,
Naht einem Mädchen sich frank und frei,
Schwört ihr auf Ehr', als ob's ihm schiene,
Daß er gar sehr, ach! verliebt in sie sei!
Er spricht:
Ich liebe Dich, du kannst mir's glauben.
Bald mach' ich Dich zu meiner Braut,
Muß Dir zum Pfand ein Küßchen rauben,
Bald wirst Du mir ja angetraut —
Des Abends spät, des Morgens früh
Studier' ich. na und das schon wie —
Bald angestellt zu sein,
Dann bist Du mein.
O der Spitzbube, 's ist gar nit wahr.
Des Abends spät, des Morgens früh,
Sitzt er beim Glas Crampampuli —
Crampimpumpampuli.

2.

Ich denk', so ein Liebster, der wär mir zu flott,
Einen andern muß man sich erwählen,
Es ist an Amanten führwahr keine Noth,
Und ich denke, da kann es nicht fehlen.
Kommt zum Exempel in ein Städtchen,
Eine neue Garnison —
Macht' der Soldat dem hübschen Mädchen,
Seine Erklärung im feschesten Ton —
„Schönes Kind, holdes Kind, ich bin Dir gut,
Ich schwör's bei meinem Federhut,
Ich schwör's bei meinem Säbel gut,
Mit frischem kecken Muth —
Wo ich sei, ewig treu will ich bleiben Dir,
Marschiren wir auch fort von hier,
Und bin ich dann ein Offizier,

Ja dann heiraten wir.
Wers glaubt!
Sie lauscht, sie schweigt, es ist ihr so kurios —
Er g'fällt ihr, die Uniform, sie sitzt ihm so famos —
Erstürmt wird das Herzerl, da gibt es kein Pardon —
Es ziehen die Krieger mit Trommelschlag davon —
Doch ach, ein andres Städtchen,
Wohl auch ein andres Mädchen,
Das ist das End vom Lied —
Drum könnt' der Soldat wohl mein Liebster nicht sein,
Einen andern muß man sich erwählen,
Die Zahl der Amanten ist wahrlich nicht klein,
Und ich denke, da kann es nicht fehlen.

3.

Kommt ein Beamter, still und schüchtern,
300 fl. hat er Gehalt.
Ist ihm der Magen noch so nüchtern,
Fühlt doch sein Herz auch der Lieb' Gewalt —
Er spricht:
„Mein Fräulein, Sie sind mir theuer in der That,
Ach ich liebe Sie so sehr —
In 30 Jahren vielleicht,
Bin ich Rechnungsrath —
Dann heirat' ich Sie auf Ehr!
Schöne Aussicht.
Ach ja, spricht sie, ich warte halt,
Bin ja erst 20 Jahre alt —
Na, da müßt' ich bitten, das wär nicht mein Mann —
Einen andern 2c. 2c.

[Dann ab].

Zehnte Scene.

Minna [von der Mitte]. Nun, endlich ist das schnippische Fräulein auch gegangen. [Richtet das Kaffeegeschirr zusammen.] Ich möcht' nur wissen, was die zwei Beamtenstöchter bei uns wollten!

Eilfte Scene.

Minna, Leopold, Schwalbach.

Leopold. Ich danke Ihnen, Herr Schwalbach, daß Sie so bald Wort gehalten.

Schwalbach [einfach, spießbürgerlich]. Ich halte immer Wort, auf die Minute.

Leopold. Gewiß! Ihre Pünklichkeit ist sprichwörtlich; Minna, hole meinen Vater, sage, Herr von Schwalbach sei da!

Minna [bei sich]. Wer ist denn das? Den kenn' ich gar nicht. [Rechts ab.]

Leopold. Herr von Schwalbach!

Schwalbach. Lassen Sie das Herr von — ich verabscheue Titel, die mir nicht zukommen.

Leopold. Fräulein Emilie befindet sich doch wohl?

Schwalbach. Ja!

Leopold. Ich liebe sie so innig, oh, wenn Sie meiner Sehnsucht nur bald ein Ziel setzen wollten.

Schwalbach [trocken]. Das wird von Umständen abhängen.

Leopold. Hier ist mein Vater!

Zwölfte Scene.

Vorige. Weigel. Minna [v. rechts].

Weigel [sehr modern]. Oh, mein werthester Freund, serviteur, jai l'honneur, hab die Ehr'.

Schwalbach. Diener, Herr Weigel!

Weigel. Was darf ich Ihnen vorsetzen?

Schwalbach. Wie?

Weigel. Wir müssen ein Glas Wein zusammen trinken, vielleicht ein Chateauderl, direkte aus Lafitte.

Schwalbach. Danke.

Weigel. Oder Champagner, Röderer carte pantsch — trinken wir nur eine Flasche Röderer, brauchen sich gar nicht zu geniren, kostet jetzt fünf Gulden, aber das macht nichts, liegt bei mir im Keller, ich halt' was auf ein gutes Weinderl und bezieh' Alles direct vom Weinhändler.

Schwalbach. Danke, ich trinke keinen Wein!

Weigel. Ach schade!

Schwalbach. Ich setze voraus, daß Ihnen der Zweck meines Besuches bekannt ist.

Weigel. O gewiß! Minna geh!

Minna [bei sich]. Ich höre wieder Nichts! Es ist abscheulich. [Mit dem Kaffeegeschirre ab.]

Dreizehnte Scene.

Vorige ohne Minna.

Leopold. Vielleicht ist es Ihnen erwünscht, Herr von Schwalbach, mit meinem Vater allein zu sprechen? Soll ich mich entfernen?

Schwalbach. Nein, das was ich Ihrem Herrn Vater zu sagen habe, geht ja Sie am meisten an.

Weigel. Sehr richtig. [Schwalbach eine Cigarre präsentirend]. Cigarre gefällig? Echt importirt 180 Thaler ohne Zoll, den Zoll rauch' ich extra!

Schwalbach. Danke, ich bin kein Raucher.

Weigel. Auch nit! Aber essen thun Sie doch? Vielleicht ein Caviar-Semmerl mit Lachs, oder so etwas!

Schwalbach. Bitte, kommen wir zur Sache, meine Zeit ist gemessen!

Leopold [schiebt Schwalbach einen Stuhl hin, dieser setzt sich und dankt Leopold mit einer leichten Kopfbewegung].

Schwalbach. Ihr Herr Sohn hat um die Hand meiner Tochter Emilie angehalten. Dieser Antrag kam mir nicht unerwartet, denn meine Tochter hatte mir schon vorher erklärt, daß sie in einer Verbindung mit Ihrem Sohn das Glück ihres Lebens sehen würde.

Weigel [hat sich ebenfalls einen Stuhl genommen und dicht neben Schwalbach gesetzt. Leise]. Das kann ich mir lebhaft vorstellen. Ich soll es zwar in seiner Gegenwart nicht sagen, aber es ist ein ausgezeichneter Mensch.

Leopold. Aber, Vater!

Weigel. Das hast Du gehört. [Zu Schwalbach.] Was sagen Sie zu den Ohren?

Schwalbach. Sie können sich wohl denken, daß ich als vorsichtiger Geschäftsmann und gewissenhafter Vater vorher Erkundigungen einziehen mußte, ehe ich mein Jawort gab.

Weigel. Und deßhalb kommen Sie zu mir? Das ist vernünftig. Da sind Sie an der richtigen Quelle!

Schwalbach. Ich habe mir erlaubt, auch anderweitig Erkundigungen einzuziehen, und ich muß offen gestehen, das, was ich über Ihren Herrn Sohn erfahren habe, ist nicht gerade das Vortheilhafteste.

Leopold. Wie?!!!

Weigel. Verläumdung! Es hat ihn Einer angeschwärzt.

Schwalbach. Ich prüfe zu genau, als daß man Jemand bei mir anschwärzen könnte; ich lasse mir auch ebenso wenig etwas weiß machen, und wenn Ihr Herr Sohn von Ihren glänzenden Vermögensverhältnissen erzählt hat, —

Weigel. Das ist richtig, das Vermögen is da! [Wirft sich stolz im Sessel zurück.]

Schwalbach. Sie täuschen sich vielleicht hierüber selbst, Herr Weigel. Aber gleichviel, ich lege keinen allzugroßen Werth auf die Vermögensumstände meines zukünftigen Schwiegersohnes.

Weigel [Schwalbach vertraulich auf die Knie klopfend]. Es ist ja auch Nebensache, wenn Einer so viel Geld hat wie Sie.

Schwalbach. Sie vermuthen also, daß ich reich bin.

Weigel. Kleiner Schäcker! Als ob mir das mein Leopold nicht gleich gesagt hätte.

Schwalbach. So!

Leopold [bei Seite]. Er wird noch Alles verderben.

Schwalbach. Nun, Herr Leopold hat ganz Recht, wenn er in meiner Tochter eine reiche Erbin sieht, die —

Leopold. Herr Schwalbach, Sie werden mir hoffentlich glauben, wenn ich versichere, daß nicht dieser Umstand —

Schwalbach. Bitte, unterbrechen Sie mich nicht.

Weigel. Es ist ja wahr, was redest Du da drein? Wir sind grad im besten Zug.

Schwalbach. Vor allen Dingen bestimmt die Moral, die Ehrenhaftigkeit des Charakters den Werth eines Mannes!

Weigel. So is es, und mein Leopold is ein Muster —

Schwalbach. Ich muß leider widersprechen, aber wenn Ihr Herr Sohn ein etwas leichtes, sogar frivoles Leben führt, so trifft die Schuld dafür zum Theil auch Sie, Herr Weigel.

Weigel [erstaunt]. Mich?

Schwalbach [lächelnd]. Ja! Sie! Sie sein, wenn auch vielleicht nur aus übergroßer Zärtlichkeit und Liebe, zu nachsichtig, zu vertrauensvoll gewesen; ein Vater hat ernste, strenge Pflichten für die Erziehung seiner Kinder.

Weigel. Ich habe auch alles Mögliche gethan.

Schwalbach. Aber doch wohl umsonst!

Weigel. Im Gegentheil, es hat mir a Massa Geld kost. Aber das schadt nix, und wenn es noch mehr kostet, ich gebe Alles für meinen Leopold, und wenn ich als Bettler sterben soll.

Schwalbach. Als Bettler sterben wäre noch nicht das Schlimmste, wenn Sie nur nicht als Bettler leben müssen! [Aufstehend.] Doch kommen wir zum Ziele. Ich will glauben, daß aufrichtige Liebe einen jungen Mann, selbst wenn er bis Dato ein sehr leichtsinniges Leben geführt hat, zur Umkehr, zu ernsten, soliden Gedanken kräftigen kann, auch dem Herzenswunsch meines einzigen Kindes keinen starren Eigensinn entgegensetzen —

Weigel. Das wäre auch gemein.

Schwalbach. Aber erst muß ich überzeugt sein, daß die Liebe Ihres Sohnes zu meinem Kinde eine wirklich aufrichtige ist, und daß sie ihn anspornt, ein neues Leben zu beginnen, sich eine Stellung zu erringen.

Weigel. O, mein Leopold hat sehr gute Aussichten.

Schwalbach. Für gute Aussichten, mein lieber Herr Weigel, braucht man ein Perspektiv, aber keine Frau. Ich verlange Beweise, Thatsachen. Und bis dahin muß ich, so leid es mir auch meiner Tochter wegen thut, — Nein sagen.

Leopold. Das heißt?

Schwalbach. Das heißt, junger Mann, ich erlaube Ihnen, um meine Emilie zu werben, oder besser, sie sich zu erwerben. — Versuchen Sie es, ich will sie gern dabei unterstützen, Adieu! [Weigel die Hand reichend.] Mein lieber Herr Weigel —

Weigel. Alles in schönster Ordnung, wir sind einig. Ob das ein paar Wochen länger dauert, d'rauf kommts ja nicht an, es war mir sehr angenehm, ich werde Sie hinausgeläut — gelitten.

Schwalbach. Sie sind zu freundlich.

Weigel. Bitte, bitte! [Geleitet ihn unter vielen Complimenten zur Mittelthüre hinaus und folgt Schwalbach].

Vierzehnte Scene.

Leopold [allein].

[Erregt auf und abgehend.] Ist das nicht zum Tollwerden! Auch dieser letzte

Rettungsanker soll reißen? Nein! Dreitausendmal, nein! Emilie liebt mich, sie liebt mich leidenschaftlich — vielleicht könnte man sie überreden? Ja, das muß glücken. Was der Alte mir nicht freiwillig geben will, das werde ich ihm abtrotzen. Es soll mir ein ganz besonderes Vergnügen sein — mich für diese Stunde zu revangiren! hahaha!

Fünfzehnte Scene.

Leopold. Mielisch.

Mielisch [ein verkommenes Subjekt mit heuchlerisch kriechender Unterwürfigkeit]. Es freut mich ganz ausnehmend, Sie bei so guter Laune anzutreffen.

Leopold [barsch]. Was wollen Sie?

Mielisch. Es ist die Stunde, wo ich Ihrem Herrn Vater die Zeitung vorzulesen habe.

Leopold. Mein Vater wird gleich hier sein! [Will gehen.]

Mielisch [ihm den Weg vertretend]. Ihrer guten Empfehlung verdanke ich diese angenehme Stellung.

Leopold. Schon gut, ich verlange keinen Dank.

Mielisch. Und ich möchte doch gerade, daß Sie mich zu Dank verpflichten.

Leopold [stutzend]. Was heißt das?

Mielisch. Ich bitte um 500 fl.

Leopold. Sind sie toll?

Mielisch. Beinahe scheint es so, denn ich sehe immerwährend die Polizei hinter mir. Jeden Augenblick fürchte ich eine schwere Hand auf meiner Schulter lasten zu fühlen, welche mir in die Ohren schreit: Im Namen des Gesetzes! Ich möchte diesem unheimlichen Gedanken gerne entfliehen, aber wohin soll man seine Flucht lenken, wenn man kein Geld hat? Ich bitte daher um 500 fl.

Leopold. Lassen Sie mich in Ruhe, ich habe selber kein Geld!

Mielisch. O, das ist schlimm — dann weiß ich meinem bedrängten Gewissen nicht anders Ruhe zu schaffen, als daß ich durch Ihre leider so verführerische Ueberredungskunst zum Mitschuldigen einer Fälschung geworden bin und Ihren liebenswürdigen guten Herrn Vater, welcher im Lesen und Schreiben etwas hinter den Anforderungen der Zeit zurückgeblieben ist, veranlaßt habe, seinen Namen, seinen ehrlichen Namen, anstatt, wie er glaubte, unter einen Brief, auf einen Wechsel zu setzen. O, wer weiß, mit welcher Summe Sie dieses Acceptchen ausgefüllt haben.

Leopold. Ich habe den Wechsel gar nicht benützt, ich habe ihn zerrissen.

Mielisch. Das ist hübsch von Ihnen. Aber mein Gewissen läßt mir doch keine Ruhe, — ich werde Ihrem Herrn Vater Alles gestehen!

Leopold. Auch das noch! [Laut.] Mielisch, Sie sind ein Schurke. Sie sollen die 500 fl. haben.

Mielisch. Wann?

Leopold. Morgen.

Mielisch. Dann werde ich den Druck meines Gewissens noch einen Tag zu ertragen suchen.

Leopold [bei Seite]. Jetzt bleibt mir keine Wahl mehr. — Schnell zu Emilien! [Will durch die Mitte ab und stößt auf Weigel.]

Sechzehnte Scene.

Vorige. Weigel.

Weigel. Hopsa! A, Leopold, Du, so hör' doch! Dein Schwiegervater gefällt mir recht gut. Ich ihm auch, natürlich. Wir wer'n uns öfter besuchen. Heut' treffen wir uns beim Tauber. Du kommst doch auch?

Leopold. Ja gewiß, aber jetzt laß' mich, ich habe Eile! [Mitte ab.]

Siebzehnte Scene.

Vorige, ohne Leopold.

Weigel. Ah, Mielisch, da sind Sie ja, nun?

Mielisch. Alles bestens besorgt.

Weigel. Sie haben also das Geld?

Mielisch [überreicht Weigel ein geschlossenes Couvert]. Wohlgezählte 2000 fl. Die Abrechnung vom Banquier liegt bei.

Weigel. 2000 fl.? Da verliere ich ja beinahe die Hälfte. — [Sieht das Couvert flüchtig durch, steckt es dann zu sich.]

Mielisch. Es ist traurig, aber wer verliert heut' zu Tage nicht? [Die Zeitung nehmend.] Soll ich Ihnen die Börsennachrichten vorlesen?

Weigel. Börsenachrichten und das neueste Politische. Ich komme heut' ausnahmsweise in gebildete Gesellschaft, sehr gebildete, wo viel von Politik gesprochen wird — man muß da mitreden können. [Setzt sich links].

Mielisch. Gewiß. [Bei Seite.] Es kitzelt mich, den alten Schwachkopf einmal ordentlich anzuführen. Warum auch nicht, da ich morgen schon auf der Reise bin.

Weigel. Na, also, was gibt's denn Interessantes? Aber warten Sie ein Bissel! [Setzt seine Augengläser auf.] So, jetzt lesen Sie!

Mielisch [scheinbar in der Zeitung lesend]. Die Reise des Papstes nach Berlin ist nunmehr beschlossene Sache; Pio Nono wird am 13. künftigen Monats dort eintreffen.

Weigel. Was? Der Papst geht nach Berlin?

Mielisch. Wissen Sie denn das nicht? Sie waren gestern sehr beschäftigt, als ich kam, Sie wollten die Zeitung selber lesen.

Weigel. Richtig, ich erinnere mich, es stand gestern schon was drin! Also der Papst geht nach Berlin!

Mielisch. Es werden dort schon große Vorbereitungen getroffen.

Weigel. Ah! Das hätte ich aber nicht geglaubt! Sonst noch was Interessantes?

Mielisch. Nicht viel, außer der Geschichte mit dem alten Holl!

Weigel. Was ist's mit dem alten Holl?

Mielisch [liest]. Es bestätigt sich, daß Herr von Holl die auf ihn gefallene Wahl angenommen hat.

Weigel. In den Reichsrath?

Mielisch. Aber Herr von Weigel, Sie wissen ja gar nichts! Die Chinesen wollen einen neuen Kaiser haben.

Weigel. Was? Der alte Holl soll —

Mielisch. Kaiser von China werden.

Weigel [rutscht vom Stuhle auf die Erde]. Ah, da legst Dich nieder!

Mielisch [eilt zu ihm, ihm aufhelfend]. Haben Sie sich ein Leid gethan?

Weigel. Nein! Aber der alte Holl hätt' mir bald leid gethan! Na, für heut' hab' ich g'nug mit der Politik.

Mielisch. Haben Sie heut' sonst noch was für mich zu thun? Vielleicht Briefe schreiben?

Weigel. Sehens dort einmal den Pack Rechnungen durch, und machens mir dann einen Auszug, aber schreibens deutlich, damit ich's lesen kann.

Mielisch. Sehr wohl, Herr Weigel.

(Ab.)

Weigel. Was man da Alles aus der Zeitung erfährt. Der alte Holl, — Kaiser von China. Wird er's annehmen? Der Kaiser von China soll ein ganz gutes Einkommen haben, und hier in Wien wird's so alle Tage theurer! Nein, diese diplomatischen Verwicklungen. Na ja, man muß das nur so recht verstehen! Wer selber sowie ich ein halbeter Diplomat ist — für den ist das nicht schwer.

Couplet.

1.

Der Pitt, der Fox, der Palmerston,
Der Talleyrand zur Zeit,
Der Kaunitz, der Napoleon,
Das war'n gar g'scheidte Leut —
Schlau die Gedanken zu verberg'n,
Man d' Sprach erfunden hat —
(Wer selbst noch nie is ang'schmirt wor'n,
Das ist kein Diplomat.)

2.

Für d' Lebensmitteln war'n so hoch —
Die Preise gar noch nie —
D' Fleischhacker sag'n, es geht halt nit,
Zu theuer is d'Regie —
D'rum wird auch s' Fleisch nit billiger,
Wie 's Publikum begehrt —
(Wer selber unter'm Rindvieh is
Der kennt auch seinen Werth.)

3.

Ein Herr, der auf sein' ganzen Kopf
Kein Haarl Haar mehr hat,
Der lest' in einer Zeitung von
Tanno chinin Pomad —
Er stürzt zum Parfümeur in's G'wölb,
Schaut ihn an, verwundert sich. —
(Schmiert Der sich denn nit selber ein,
Der is so kahl, wie ich.)

4.

Die Gäste klagen allgemein,
In d' Wirthshäuser mit Recht.
Die Preis' für's Essen sein enorm,
Und doch is meistens schlecht.
Doch schaut man h'rum, hat jeder Wirth
A Bäucherl rund und nett.
(Ja, wann der's Bratl selber frißt,
Da wer'n die Gäst nit fett.)

5.

Die oriental'sche Frage wird
Nit g'löst, das hat man weg —
Die Türken thunen selber nix —
Es geht halt nit vom Fleck.
Sie warten, bis das Fatum tragt
Die Tauben in ihr Maul.
(Wem selbst bescheert ein Türkenlos,
Der weiß es, sie sind faul.)

[Dann ab.]

Viertes Bild.

(Hotel Tauber. Saal beleuchtet, geordnete Tische.)

Erste Scene.

Willner. Natalie. Marie. Anna. Emma. Mehlmeyer. Rudolf. Clara [sitzen am Tische vorne rechts.] Schmidt [Tisch links.] Kellner. Gäste.

Rudolf. Kellner, bringen Sie noch Bier!

Clara. Rudolf, Du trinkst zu viel. Du kannst das nicht vertragen.

Rudolf. Ah was, heut', wo uns der Herr Rath die Ehre erweist, mit uns ein Krügel Bier zu trinken, soll ich auf jeden Schluck achten? Nein, heut' wird über d' Schnur g'haut!

Willner. Ja, Freund Starke, heut' ist's egal, ob ein Glas zu viel wird oder nicht. Mein' Alte hat mir für alle Fälle bereits ein Ablaß ertheilt.

Natalie. Trinke nicht zu viel, lieber Mann, bedenke, daß wir uns in einem öffentlichen Lokale befinden, und wenn Du einen Spitz hast, dann weinst Du immer.

Willner. Hahaha! Einstweilen aber lache ich noch, und bin sehr vergnügt, folglich vertrag' ich noch was. Kellner!

Rudolf. Ein Glas Bier, aber frisch!

Willner. Mir auch!

Rudolf. Na, und Sie Fritz?

Mehlmeyer [spricht mit Emma, indem er sie mit dem linken Arm umschlungen hält, während die rechte Hand unwillkürlich auf Anna's Schultern trommelt]. Dudiedldidum!

Rudolf. He! Mehlmeyer! Sie fantasiren wohl wieder einmal miteinander!

Mehlmeyer. Ach, laßt uns in Ruhe! Wir haben sehr wichtige Dinge im Kopfe. Nicht wahr, Emma?

Emma. Wir beschäftigen uns mit einer sehr reelen Frage, nämlich, wie viel Geld wir zum Heiraten brauchen.

Rudolf. Keinen Kreuzer, wenn Ihr Euch liebt. Nicht wahr, Clara! [zärtlich.] Dann gehts auch so. [Umarmt und küßt sie.]

Alle. Bravo!

Clara. Aber, Rudolf, mir scheint, du hast schon zu viel getrunken.

Rudolf. Weil ich Dich küsse? Schlechtes Weib, Du! Bin ich etwa weniger zärtlich, wenn ich nüchtern bin?

Willner. Es ist wahr, Ihr lebt wie die Turteltauben miteinander. [Weinerlich.] Das rührt mich tief! [Streckt die Arme nach Clara aus.] Natalie, wo bist Du denn?

Natalie. Aber, Karl, Du machst uns Schande, alle Leute blicken schon auf Dich!

Zweite Scene.

Vorige. Sandor, Minna.

Sandor [an einen Tisch, Mitte]. He! Kellner!

Jean [kommt]. Befehlen?

Sandor. Kennen Sie Koch Ujfalvi, was macht hier Gulyas, Perkelt, Paprikaschnitzl und ungarisches Rephuhn?

Jean. Bitte sehr, natürlich!

Sandor. Dann sagen Sie ihm, daß sein Freund Sandor da is, mit Braut!

Jean. Große oder kleine Portion?

Sandor. Wird Ihnen schon sagen, mein Freund Ujfalvi!

Jean. Sonderbar! Aber was liegt daran, ich laß' halt auftrag'n. [Ab.]

Clara [hat Minna beobachtet]. Nein, ich täusche mich nicht. [Geht zu ihr] Minna!

Minna [freudig]. Ah, mein gutes Fräulein Clara, d. h. Frau von Starke. Wie gehts Ihnen denn? Gut, nicht wahr? Mir auch, das ist mein Bräutigam!

Sandor [steht auf, salutirt].

Clara [dankend]. Freut mich! [halb leise, erregt.] Du bist doch noch beim Vater?

Minna. Gewiß!

Clara. Wie geht es ihm, ist er gesund?

Minna. Und ob!

Clara. Und mein — mein Bruder?

Minna. Oh, der ist immer lustig!

Clara. Und spricht mein Vater zuweilen von mir?

Minna. Von Ihnen? Wann ich aufrichtig sein — soll. Nein; ich hab's ein einzigsmal versucht, da is er aber fuchsteufelswild worn, Sie wissens ja — [deutet auf Starke].

Clara [seufzt tief]. Ach ja!

Rudolf. Clara, wo steckst Du?

Clara [legt, gegen Minna gewendet, den Finger auf den Mund und tritt zum Tisch zurück]. Da bin ich schon.

Rudolf. War das nicht Minna? Clara, ich will nicht hoffen, daß Du Dich mit denen einlaßt. [Drohend.] Du kennst mich! In dem Punkte laß' ich nicht mit mir spaßen.

Marie. Was habt Ihr denn?

Clara. O nichts, nichts!

Dritte Scene.

Vorige. Weigel [durch die Mitte].

Weigel. Der alte Schwalbach is noch nit da, wo soll ich mich hinsetzen?

Jean. Vielleicht hier gefällig?

Weigel. Na, wegen meiner. Von da aus hab' ich auch immer die Thür im Aug'! Sapperlot, da is ja die Minna.

Minna. Guten Abend, gnädiger Herr!

Weigel. Was machst denn Du da?

Minna. Sie haben mir ja erlaubt auszugehen.

Weigel. Aber grad daher!

Minna. Es ist das feinste Local.

Weigel So, [bei Seite]. Recht schön! Da komm' ich ja in eine recht passende Gesellschaft.

Jean. Befehlen!

Weigel. Vor Allem a Bier!

Clara [sieht Weigel]. Mein Gott!

Alle [am rechten Tisch]. Was gibt's denn? Was ist geschehn!?

Clara. Rudolf, ich bitt' Dich. [Starr nach ihrem Vater blickend; zu Rudolf.] Dort, sieh' hin!

Rudolf [Weigel bemerkend]. Na, was gibts denn dort, ein neuer Gast, den wir beide, [hart] hörst Du, Clara, den wir beide nicht kennen. Das ist Alles! Wir sind hier in einem öffentlichen Locale, in dem man sichs gefallen lassen muß, mit Gott weiß wem zusammen zu treffen. Aber Ruh soll man uns lassen, [springt auf und droht mit der Faust.] sonst —

Clara [erfaßt Rudolfs Hand und blickt ihn bittend an, worauf er sich wieder setzt].

Weigel [hat bei Rudolfs letzten Worten hinüber gesehen]. Da ist ja meine — Alle Hagel, da sitzen sie ja alle beisammen, wo bin ich ich denn da hingerathen? Soll ich gehen? Nein, pfui, Alter, das wäre feig, ich bleib'. [Setzt sich wieder nieder.]

Willner. Wir waren so vergnügt, und jetzt auf einmal, [weinend] das verstimmt mich.

Mehlmeyer [aufspringend, will zu Weigel.]

Rudolf. Was wollen Sie dort?

Mehlmeyer. Er ist mir noch 5 fl. schuldig, seit zwei Jahren!

Rudolf. Er — Ihnen — unmöglich!

Mehlmeyer. Gewiß, ich hab' sie mir wollen ausborgen, dann kam's aber nicht mehr dazu, und so hab' ich bis Heute mein Geld noch nicht.

Rudolf [strenge]. Bleiben Sie hier, oder wenn Sie hingehen, dann bleiben Sie dort!

Mehlmeyer. So, da bleib' ich doch lieber hier, Trallala 2c. [Setzt sich.]

Weigel. Ich schau nit hin, aber i spür's, daß mich Alle anschau'n, wenn ich mich nur verstecken könnt', ach, die Zeitung. [Nimmt sie Schmidt weg.] Nicht wahr, Sie erlauben!

Schmidt [der geschlafen, erwacht, reibt sich die Augen]. Was fällt Ihnen denn ein, sehen Sie denn nicht, daß ich die Zeitung lese?

Weigel. Sie schlafen ja!

Schmidt. Dann warten Sie, bis ich ausgeschlafen habe. [Nimmt ihm die Zeitung wieder weg.]

Clara. Rudolf, laß' uns nach Hause gehen!

Rudolf. Weßhalb? Ich unterhalte mich vortrefflich. [Absichtlich laut.] Ich verzehre hier mein Geld, das ich mir durch meine Arbeit verdiene. Ich kann jedem Menschen frei in's Auge sehn! [Trinkt.] Noch ein Glas Bier!

Weigel. Der Kerl will mich ärgern, — Mein Herr! [Zu Schmidt.] Was halten Sie vom Papst? Der geht jetzt nach Berlin!

Schmidt. Was?

Weigel. Und dann vom alten Holl! Der soll Kaiser von China werden?

Schmidt. Hm!

Weigel. Freilich, da stehts ja, gleich da.

Schmidt. Das ist ja die Lotterieliste!

Weigel. Na, so stehts unten, lesen's nur!

Schmidt (springt auf. Es is schon richtig, bei dem is 's nit richtig. Das is a Narr! Kellner zahl'n! Das is a Narr! [Rasch ab.]

Weigel. So, nun ist der Tisch leer! Wenn nur der alte Schwalbach bald käme.

Sandor. Kellner!

Jean. Befehlen!

Sandor. Warum bringen Sie denn das Essen nicht?

Jean. Sie haben ja noch nichts bestellt.

Sandor. Ich habe Ihnen doch gesagt, sie sollen zu Koch Ujfalvi gehen.

Kellner. Wenn Sie etwas wollen, müssen Sie es bei mir bestellen.

Sandor [bestellt.]

Kellner [ab.]

Vierte Scene.

Vorige. Schwalbach.

Schwalbach. Ah, da sind Sie ja!

Weigel [sehr erfreut]. Nun also, da sind Sie ja, und ganz außer Athem, warum sind denn so gelaufen?

Schwalbach. Mein Herr!

[Gäste werden aufmerksam.]

Weigel [bietet ihm einen Stuhl an]. Schnaufens Ihnen nur erst a Bissel aus!

Schwalbach. Ihr Sohn ist ein niederträchtiger Bube!

Weigel [laßt den Stuhl fallen]. Was sagen Sie?

Clara. Leopold!

Rudolf. Sitzen bleiben!

Schwalbach. Wissen Sie, was der Taugenichts gethan hat? Er hat meine Tochter beredet, mich zu bestehlen, er wollte sie entführen. Aber auch sie hat er betrogen, denn er hat es vorgezogen, sich allein aus dem Staube zu machen. Aber die 2000 fl. welche sie mir entwendet, die hat er mitgenommen. Ihr Sohn Leopold ist ein Dieb.

Weigel. Herr! [Ergreift das Glas mit einer Bewegung, setzt es langsam an den Mund. Pause.]

Weigel [besinnt sich, zwingt sich gewaltsam zum Lachen.]

Rudolf. A bah! Was weiter! Der junge Herr hat sich in der Eile vergriffen und statt des Mädchens das Geld erwischt.

Clara [vorwurfsvoll]. Rudolf!

Weigel. Herr Schwalbach! [Sich gewaltsam zur Ruhe zwingend.] Ich sollt' recht bös sein, daß Sie so schlecht von meinem Leopold denken. Er hat wohl die Absicht gehabt, Emilie zu entführen, weil sie heute Früh so grausam mit ihm waren, aber er dachte, es würde Ihnen unangenehm sein, d'rum hat er's gelassen.

Schwalbach. Er ist aber fort.

Weigel. Eine kleine Geschäftsreise.

Schwalbach. So? Und mein Geld, meine 2000 Gulden?

Weigel. Die hat er mir für Sie übergeben, da sind sie. [Gibt ihm Mielisch's Geld, bei Seite]. Das ist das Letzte!

Rudolf. Ich wett', der Alte lügt!

Schwalbach [steckt das Geld ein]. Es mag gut sein so, Sie werden aber begreifen, mein Herr, daß wir von nun an geschiedene Leute sind. Leben Sie wohl! [Ab.]

Melodram.

Weigel [schwankt]. Ich weiß nit, mir is so, [hält sich an die Lehne].

Clara [wankt]. Mein Vater!

Rudolf [hält sie zurück] Du hast keinen Vater mehr, Du gehörst zu Deinem Mann!

(Gruppe.)

Weigel [sich gewaltsam aufrichtend]. Was wollts denn? Laßt mich, mir ist nichts, — gar nichts — [singt]. Meine einz'ge Passion is, [bricht zusammen, von Minna und Sandor unterstützt, wankt er ab.]

[Gruppe.]

Der Vorhang fällt.

Dritter Akt.

Fünftes Bild.

Eine Dachstube mit einer Eingangsthüre und einem Fenster. Aeußerst armselige Einrichtung, nur das Nothwendigste. Eine alte Bettstelle mit einem Strohsack und einer wollenen Decke im Hintergrunde, daneben ein halbzerbrochener Stuhl; seitwärts links ein Schustertisch mit den dazu gehörigen Geräthschaften und ein Schemmel daneben. An einem Nagel an der Wand hängt ein alter Rock und eine Mütze.

Erste Scene.

Weigel. Emma [hinter der Scene].

Nr. 11. Duett.

Weigel. Die muntere Lerche da unten im Haus is a wahrer Schatz. Wenn ich so spät in die Nacht hinein gearbeitet hab' und Früh nit aus den Federn will, wenn ich Federn sag', so mein' ich natürlich Strohsack! Dann weckt mich immer das lustige Zwitschern meiner Lerche und erinnert mich, daß Zeit is, an die Arbeit zu gehen. Dießmal heißt's, sich's tummeln, denn übermorgen is schon der Erste, und mir fehlen noch 80 kr. auf die fünf Gulden. Der David is doch ein guter Kerl, daß er sich mit fünf Gulden monatlich begnügt. Freilich, wenn ich gesagt hätt', es is net meine Unterschrift, der Wechsel is g'fälscht — pfui, Gottlieb, Du wärst im Stande, Dein eigen Fleisch und Blut in's Criminal zu bringen. Du bist ein ganz gemeiner Kerl! Pfui Teuxel! (Pause.) (Lächelnd.) Aber warum ich auf mich schimpf', ich thu's ja doch nicht. [An den Fingern rechnend]. 1500 fl. habe ich für meine Möbel und für meinen andern Plunder kriegt. Fünf Jahr, in jedem Monat fünf Gulden, macht 300 Gulden, also fehlen blos noch 200 Gulden. Sind die abg'arbeit, dann bin ich bereit zum Abrutschen. Wann mich der liebe Herrgott ruft, leg' ich mein' Leisten und mein Leder hin, und fahre beruhigt als ehrlicher Kerl in die Grube.

Bis dahin heißt's aber, darauf los arbeiten. Wenn der Mensch noch so ehrlich ist, und er hat kein ehrlichen Namen, so is er ein Lump! Und das soll mir Keiner nachsagen. [Arbeitet ruhig weiter.]

Zweite Scene.

Weigel. Minna.

Minna. [Mitte, mit einem Korbe am Arm]. Guten Morgen, Herr Weigel. Na, schon wieder bei der Arbeit?

Weigel. Muß sein, Minna, und deshalb nimmst Du mir's auch nit übel, wann ich mich nit stören laß', nit wahr? Nimm Dir doch den Fauteuil her und setz' Dich zu mir, dann können wir zur Arbeit plaudern.

Minna [thut es]. Wenn's erlaub'n, Herr Weigl, so bin ich halt so frei.

Weigel. Na, Minnerl, was macht denn Dein Auskocher-G'schäft, geht's gut?

Minna. Dank' der Nachfrag! besser als ich's erwart hab! Wir haben jetzt auch für unsere Gäst' ein Mittagstisch eingerichtet.

Weigel. So, wer kommt denn da zu Euch?

Minna. Na, ein paar arme Studenten, Comfortable-Kutscher, ehemalige Bankdirektoren, kurz Alles durcheinander.

Weigel. Rentirt sich's denn?

Minna. Man verdient g'rad' nit viel, aber 's Lokal wird populär.

Weigel. Und Dein Mann, Deine Kinder?

Minna. Alles g'sund, Gott sei Dank.

Weigel. Das is die Hauptsache.

Minna [verlegen]. Herr Weigel, ich hätt' a schöne Bitt' an Ihnen.

Weigel. Nur zu, Du wirst Dich doch nicht geniren.

Minna. Ich hab' nämlich heut' für'n Mittagstisch ein Gansl braten. Nun will man doch ganz sicher sein, ob man bei die Gäst' keine Schand einlegt; d'rum möcht' ich wohl ein sachverständiges Urtheil hören. Sie sind doch Kenner, wenigstens von früher (rasch). Wollen Sie die Gans nit probiren? [Holt aus dem Korbe eine Gänsekeule und präsentirt sie Weigel.

Weigel [schielt nach der Gänsekeule und athmet wollüstig den Duft ein]. Hm! Ah! Dein Vertrauen schmeichelt mir sehr, und wenn Du wirklich meinst, daß mein Urtheil maßgebend is.

Minna. Gewiß, Herr Weigel, gewiß!

Weigel. Dann halte ich es für meine Pflicht [greift nach derselben und beißt hinein]. Weißt Du, daß ich keine Gans mehr zu sehen kriegt hab', seitdem Du von mir fort bist?

Minna [seufzend]. Ja, ja, die Zeiten haben sich geändert.

Weigel. Na und ob! Früher z. B. war mir meine silberne Uhr nit genug, und ich ließ sie vergolden; nachher mußt' ich die goldene Uhr wieder versilbern.

Minna. Aber a bissel besser könnten Sie 's schon haben, Herr Weigel, wenn Sie nur wollten.

Weigel. Wie meinst Du das?

Minna. Erstens haben wir Sie doch so oft gebeten, bei uns zu essen, wenigstens am Sonntag.

Weigel. Du weißt, ich geh' nicht gern unter Menschen, und dann habe ich auch gar keine Zeit, viel auszugehen, ich muß arbeiten.

Minna. Sie müssen sich aber doch auch Ruh' gönnen und a Biss'l Zerstreuung, das sind Sie sich schuldig.

Weigel [halb für sich]. Wenn ich sonst Keinem was schuldig wär' als mir, dann ging's schon, aber so.

Minna. Und wenn Sie auch nit zu uns kommen wollen, es leben doch andere Leute, die Ihnen näher stehen, ganz nahe, Ihre —

Weigel [hat während Minna's Worten immer heftiger auf die Sohlen geklopft und zwar absichtlich, um ihre Stimme zu übertönen. Er steht jetzt auf.] So, die Sohlen sind jetzt fertig.

Minna [ebenfalls aufstehend, bei Seite]. Davon will er nicht hören, der alte Trotzkopf.

Weigel. Minna, Du hast mich doch nicht verrathen?

Minna. Herr Weigel, ich hab' Ihnen versprochen, zu schweigen, und ich werd' mein Versprechen halten.

Weigel. Dann ist's gut. Jetzt kommen die Stiefletten von Fräulein

Laura, die im ersten Stock wohnt. [Nimmt einen Damenstiefel und setzt sich wieder an die Arbeit.]

Minna. Wenn Sie doch wenigstens etwas mehr für Ihre Gesundheit thun wollten, Herr Weigel.

Weigel. Mir fehlt nichts, i bin ganz g'sund!

Minna [nimmt eine Flasche Wein aus dem Korbe]. Sehen Sie, hier wäre ein Flascherl Rothwein, den mein Sandor neulich abgezogen hat.

Weigel. Wein? Wo denkst Du hin, das ist viel zu theuer für mich.

Minna. Er ist ja nit so theuer, wir beziehen ihn ja billig aus Ungarn. Probieren Sie nur, ja?

Weigel. Nein, Minna, ich will mich gar nit an spiritiöse Genüsse gewöhnen. Reines Wasser ist das Beste, dabei bleibt der Kopf klar.

Minna [legt seufzend die Flasche wieder in den Korb.] Wenn Sie aber auch gar nix von mir annehmen wollen.

Weigel [freundlich]. Ach ja, Minnerl, sorg' nur für viel Arbeit, die nimm' ich immer an. Ich verlange ja nit, daß Ihr die neuen Stiefeln bei mir machen laßt, aber die Flickereien. Du hast mir jetzt lang nix bracht.

Minna. O, ich will gleich zu Haus nachseh'n, morgen komm' ich wieder.

Weigel. Du willst schon gehen?

Minna. Es ist Zeit, ich muß in die Küche. Adieu, Herr Weigel!

Weigel. Adieu, Minnerl! [Hält ihr die Hand hin.]

Minna [verlegen]. O! [Wischt ihre Hand an der Schürze ab].

Weigel [besieht seine schwarze Hand und sagt dann lächelnd]. Wisch' Dir's nachher ab.

Minna [schüttelt Weigel kräftig die Hand]. Adieu! [Im Abgehen bei Seite.] Es is doch ein Jammer einen reichen Mann zu sehen, der noch ärmer is, als Unsereins.

(Ab.)

Dritte Scene.

Weigel [allein]. Ein gutes Mädel, die Minnerl. Weiß recht gut, was sie mit die andern Leut' g'meint hat, die mir nahe steh'n.

Aber ich will nit, ja, wann ich nit so runter gekommen wär', wenn ich sage runter gekommen, so meine ich eigentlich raufgekommen; denn früher hab' ich Mezzanin gewohnt und jetzt wohn' ich Dachstube. Na, ich hab' mich halt zu hoch verstiegen, ändern kann ich's nicht mehr, machen wir halt die doppelten Absätz' an die Stiefletten — arbeiten wir an der Fräulein Laura ihrer Größe weiter. [Arbeitet.]

Vierte Scene.

Weigel. Emma.

Emma [in einfachem Kleide mit Schürze und Morgenhäubchen, tritt leise ein]. Hier muß es sein. Richtig, da sitzt ja auch der Schuster. Es scheint ein ganz alter Mann zu sein. (Räuspert sich laut) Hm! hm!

Weigel [aufblickend]. Da is Jemand. Fräulein Laura am Ende? Nein, die is es nit. Vielleicht eine neue Kundschaft. [Steht auf.] Sie wünschen, mein Fräulein?

Emma. Ich bin verheiratet, mein Herr, wohne hier im Hause unter Ihnen und wollte Sie fragen, was — [bei Seite]. Mir is doch, als hätte ich das Gesicht schon gesehen.

Weigel. Nun was?

Emma. Mein Mann ist ein bischen furchtsam, ich bin es vielleicht weniger, aber es gruselt Einem doch, wenn man des Nachts, wenn Alles im Hause still ist, immerfort so ein einförmiges Geräusch hört. Es kommt von hier oben und darum wollt' ich mich erkundigen, was Sie des Nachts machen?

Weigel. Das is eine sonderbare Frag'! Ich arbeit'!

Emma. Mitten in der Nacht?

Weigel. Ja, der Tag hat blos 12 Stunden, das is zu wenig für ein' armen Flickschuster. [Aengstlich.] Aber Sie wollen sich doch nicht etwa beim Hausherrn beklagen? O, thun Sie das nit, er kündigt mir am Ende, und —

Emma. Auch die Stimme kommt mir so bekannt vor. Mein Gott, Sie sind doch nicht? Entschuldigen Sie, es ist mir so, als hätten wir uns gekannt vor längeren Jahren. Mein Familienname ist Willner, Emma Willner.

Weigel [erschrickt und wendet sich ab]. Ach so!

Emma. Und Sie? Ja, Sie sind es, Herr Weigel.

Weigel [schweigt].

Emma. Sie schweigen? Ich irre mich also?

Weigel [finster]. Nein, Sie irren sich nicht.

Emma. Aber diese Veränderung, wie es hier aussieht?!

Weigel. Soll ich für meine Flickschusterei vielleicht einen Laden am Graben aufmachen?

Emma. Verzeihen Sie die Frage, es geht Ihnen wohl sehr schlecht?

Weigel. Wenn es Ihnen Vergnügen macht, — Ja!

Emma. Vergnügen? O, Sie glauben gar nicht, wie mich diese Entdeckung traurig macht. Es verstimmt mich, es schnürt mir die Kehle zu; ich werde keines meiner lustigen Lieder mehr singen können.

Weigel. Wie? Dann sind Sie wohl die muntere Lerche, die jeden Morgen unter meinem Fenster zwitschert?

Emma. Mein Gesang stört Sie? O, ich will von nun an still sein.

Weigel. Im Gegentheil, ich wollte sogar den lustigen Fratzen einmal sehen, der so viel lustige Lieder kann. [Finster.] Also Sie sind's?

Emma. Wenn Sie das gewußt hätten, würden Sie wohl nicht den Wunsch gehabt haben, den lustigen Fratzen bei sich zu sehen. Das wollen Sie doch sagen?

Weigel [bestimmt]. Ja! [Freundlich.] Aber da es nun einmal g'schehen is, bin ich weiter nicht böse darüber. Ich verspreche Ihnen sogar, mich des Nachts möglichst ruhig zu verhalten, aber ganz kann ich das Arbeiten nicht einstellen.

Emma. Herr Weigel, wann das Ihre Tochter wüßte?!

Weigel [rasch]. Sie kennen Clara? Sie kommen mit ihr zusammen?

Emma. Ich eigentlich weniger, aber meine Schwester Marie.

Weigel. Ja richtig, die Marie. Es hat mir damals recht leid gethan. — Sie wissen ja, was ich mein', denn Ihre Schwester gefiel mir recht gut, die ist wohl auch schon verheiratet?

Emma. Nein, sie hat es vorgezogen, eine alte Jungfer zu werden.

Weigel. O, warum denn?

Emma. Sie will es zwar nicht eingestehen, aber wir alle wissen es, sie liebt noch immer Ihren Sohn.

Weigel [freudig Emma's Hand küssend]. Wirklich? Ah, das ist hübsch von ihr, sehr hübsch. [Mit einem Seufzer.] Schade d'rum!

Emma. Herr Weigel, ist es wahr, daß Ihr Sohn in Amerika ist?

Weigel. Seit fünf Jahren in Amerika, oder anderswo, ich weiß es nit.

Emma. Sie haben also gar keine Nachrichten von ihm?

Weigel [schüttelt den Kopf].

Emma. Ach, Sie sind recht zu bedauern.

Weigel. Ich? Wie so? Weil sich mein Sohn nit mehr um mich kümmert? Daran bin ich selber Schuld, — ich allein.

Emma. Sie? Der Sie sich für ihn geopfert haben?

Weigel. Eben darum. Mein Leopold is, von Jugend auf, d'ran g'wöhnt wor'n, nix auf der Welt mehr zu lieben als sich. Was kann er dafür, daß ich so ein Esel war, und ihm so a schlechte Erziehung gegeben hab'. Ich will gar nit beklagt sein, ich hab' mir die Suppen eingebrockt, ich muß sie auch ausessen, freilich, bitter schmeckt sie, das is wahr.

Emma. Aber Clara?

Weigel. Still davon! Wenn Sie sie kennen, wird sie Ihnen auch gesagt haben, was ich ihr gethan hab'!

Emma. Ach, das ist ja längst vergessen.

Weigel. Nein, so was vergißt man nicht, und wenn sie auch wollte, aber sie hat einen Mann, und der haßt mich, er hat auch ein Recht dazu. Ich will mich nicht zwischen die Beiden drängen.

Emma. Sie verkennen Herrn Starke; er ist ein braver, biederer Mann.

Weigel. Kinderl, wenn sich zwei Männer so gegenüber gestanden sind, wie wir Beide, da giebt's ein' Knacks, der läßt sich nicht so leicht mehr heilen.

Emma. Hätten Sie denn gar keine Sehnsucht, Ihre Enkelkinder wenigstens zu umarmen und zu küssen?

Weigel [wehmüthig]. Meine Enkel?

Emma. Zwei prächtige Buben. Der eine heißt Gottlieb.

Weigel [mit freudestrahlendem Gesicht]. Gottlieb? Grad' wie ich! hahaha!

[Er lacht nach und nach immer heftiger, bis sich das Lachen in ein leises Schluchzen verwandelt. Er sinkt auf den Arbeitsschemel nieder und trocknet sich die Augen. Pause.]

Es muß hier rauchen.

Emma [tritt leise näher und kniet neben Weigel auf die Erde nieder.]

Nr. 12. Lied.

O, schäme dich der Thränen nicht,
Verbirg nicht scheu Dein Angesicht,
Das ist ja g'rad das Menschenherz,
Es weint in Freuden und im Schmerz.
O, glaube nicht, Du seist kein Mann,
Weil noch Dein Auge weinen kann,
Was sich hier d'rinn im Herzen regt,
Das hat ja Gott hineingelegt.

Weigel [Emma freundlich anblickend]. Also, Gottlieb heißt er?

Emma. Ja! Herr Starke wollte zwar Anfangs nicht.

Weigel. Das glaub' ich gern.

Emma. Aber da kam die schwere Stunde, in der kein Mann seiner Frau etwas abschlägt; da bat sie ihn, wenn's ein Bub' wird, soll er Gottlieb heißen. Er in seiner Herzensangst sagte „Ja," und wenn er einmal „Ja" gesagt hat, dann bleibt's dabei.

Weigel [nachdenkend]. Gottlieb! (Lächelnd.) Is der Bub' hübsch?

Emma. Ein freundliches, offenes Gesicht und ein gutes Herz hat er.

Weigel. Das hat er von ihr, von der Clara.

Emma [aufstehend]. Papa Weigel, ich habe eine Idee! Schräg gegenüber von Clara's Wohnung ist ein Kaffeehaus, wenn wir dorthin gingen und eine Stunde abpaßten, wo Starke nicht zu Hause ist?

Weigel [aufstehend]. Sie wollen mich in sein Haus führen? Nein!

Emma. Wenn Sie nicht wollen. Sie könnten ja auch im Kaffeehause warten, ich hole dann die Kinder herüber, den kleinen Gottlieb. —

Weigel. Den kleinen Gottlieb!

Emma. Ueberlegen Sie sich die Sache, ja? oder nein! Es ist abgemacht, heute Nachmittag gehen wir, jetzt kann ich nicht, ich muß dafür sorgen, daß mein Mann etwas zu essen findet, wenn er vom Stundengeben nach Hause kömmt. Also auf Wiedersehen, Herr Weigel.

Weigel [in Gedanken]. Auf Wiedersehen!

Emma [kehrt um]. Herr Weigel, als ich Sie vorhin wieder sah, so verändert, so gut, da schnitt es mir tief in's Herz, daß ich Ihnen vor 5 Jahren — Sie wissen wohl noch warum — so unangenehme Dinge sagen mußte. Damals war's nothwendig, jetzt aber möcht' ich's gern wieder gut machen. Sie kommen doch heute Nachmittag, nicht wahr, Großväterchen?

Weigel. Großväterchen! Ja, ich komme!

Emma [wirft ihm einen Kuß von der Thüre aus zu] Adieu, Großväterchen! [Mitte ab.]

Weigel. Großväterchen! (Barsch). Gottlieb! Alter Narr! Was machst Du für Dummheiten. Was kümmern Dich die Kinder von Dein Todfeind! (Weich.) Aber sie sind doch meine Enkel, der eine heißt sogar Gottlieb wie ich, ich werd' doch die Buben sehen dürfen. O gewiß, das darf ich, das ist doch sicher nit unbescheiden.

Couplet.

1.

Geht's mir auch schlecht, man hört mich doch nicht klagen,
Auch ohne Trost kann ich mein Loos ertragen,
Nur meine Enkel sehn, das wünsch' ich mir,
Dann geh' ich wieder in mein Dachquartier,
So einfach und bescheiden!

2.

Fünfhaus und Rudolfsheim hab'n aus der Zeitung
Erfahrn, es gibt a neue Wasserleitung,
Weil überdieß a Jed's sich dort beklagt,
So kriegen's auch Wasser, aber wie gesagt,
Sehr einfach und bescheiden.

3.

Weil jetzt die Kleiderstoffe sind so theuer
Und auch das Sparen angezeigt is heuer,
So geh'n die Damen, wie's jetzt Mod' is,
Bald wie die Eva einst im Paradies,
So einfach und bescheiden.

4.

Es braust der Sturm, es blitzt und regnet wacker,
An seinen Schlag gelehnt steht ein Fiaker,
Und sagt zum Passagier, der vor ihm steht,
Sie woll'n in Prater fahr'n? I aber nöd!
So einfach und bescheiden.

5.

Für arme Leute gibt es Institute,
Die helfen Jedem gern mit frohem Muthe,
Wenn Einer für ein' Rock ein Gulden entlehnt,
So zahlt er monatlich nur 10 Prozent,
So einfach und bescheiden.

6.

S' hat einer Aktien kauft zu sein Vergnügen
Hat z'Haus Brigittenauer-Domus liegen,
Wenn Dividende auch bezahlt nicht wird,
Sind doch die Zinsen, die man einkassirt,
So einfach und bescheiden.

7.

Wie das Malheur is g'schehen mit den Briefen,
Sieht simulir'n man einen Detektiven,
O wüßt, ich, wer die Post hat defraudirt,
Oder doch wenigstens, wo er logirt,
So einfach und bescheiden.

8.

O Gott, seufzt Einer, ich möcht' nur auf Erden
Gar nichts als Reichstags-Deputirter werden
Ich bin nicht links, nicht rechts, bin ganz neutral,
Nur die Diäten brauchet ich a Wal —
So einfach und bescheiden.

9.

Um d' Gasbeleuchtung dreht sich jetzt die Frage,
Sie debattiren beim helllichten Tage,
Doch bei der Nacht, wenn man spaziern gehn möcht',
Da sieht man erst die Gasbeleuchtung recht,
So einfach und bescheiden.

10.
Der Mensch treibt Luxus, selbst noch nach dem Tode,
Ein Wagen mit 4 Pferden, so ist's Mode,
Das wird jetzt anders, man macht nur bekannt,
Mein' Schwiegermutter, die wird heut verbrannt,
So einfach und bescheiden.

Sechstes Bild.

Ein einfaches, aber behagliches Zimmer bei Rudolf Starke. Eine Mittelthüre. Im Hintergrunde ein Büffet, Sofa, Tische, Stühle 2c.

Erste Scene.

Rudolf. Marie [sitzen an einem links stehenden Tisch und trinken Kaffee. Clara am Buffet, schneidet für die neben ihr stehenden Knaben Gottlieb und Karl Butterbrode].

Marie [Rudolf einen Brief zurückgebend, welchen sie soeben gelesen hat]. Ach, Herr Starke, es klingt doch Alles so aufrichtig, so ehrlich. Glauben Sie noch nicht, daß er ein anderer Mensch geworden ist?

Rudolf [den Brief einsteckend]. Ja, ich glaub's, die Noth ist eine gute Schule, aber ich weiß nicht, ob man ihm ein so weichmüthiges Ding, wie Sie sind, ohne Besorgniß anvertrauen kann.

Marie. Wer spricht denn von mir? Ich habe längst Verzicht geleistet.

Rudolf [ihr lachend drohend]. Na, na, nicht lügen!

Clara [sich umwendend]. Was habt Ihr denn da wieder für Heimlichkeiten? Das kommt mir nun bald verdächtig vor.

Rudolf. Nicht neugierig sein, Clara, es handelt sich vielleicht um eine Geburtstags-Ueberraschung für Dich.

Clara. Für mich?

Gottlieb. Mutter, ich hab' Hunger.

Clara. Gleich, gleich!

Carl. Für wen ist denn das große Butterbrod?

Clara. Für Dich, Carl. [Gibt ihm ein Butterbrod.]

Carl. Ach, so klein? [Setzt sich auf die Erde und ißt.]

Rudolf. August!

Gottlieb [zu Clara]. Meint der Vater mich?

Clara [gibt ihm Butterbrod]. Natürlich!

Rudolf. August! Komm her!

Gottlieb [geht zu Rudolf]. Da bin ich, Vater!

Clara [vorkommend]. Warum nennst Du den Buben immer August? Er heißt doch Gottlieb!

Rudolf. Er heißt Gottlieb — August, und soll sich an beide Namen gewöhnen.

Clara. Ach was! Er wird noch ganz irre.

Rudolf. An mir? Ich denke nicht! August, gehe in die Werkstatt und sage Hampel, er möchte herkommen.

Gottlieb. Gleich, Vater! [Ab links.]

Zweite Scene.

Vorige ohne Gottlieb.

Clara. Ich muß Dir sagen, Rudolf, daß ich Dir ernstlich böse bin.

Rudolf. So?

Clara. Ja! Hast Du mir nicht versprochen, daß der Knabe Gottlieb heißen soll?

Rudolf. Gewiß, und er ist auch so getauft worden.

Clara. Aber Du nennst ihn nicht Gottlieb.

Rudolf. Habe ich Dir das auch versprochen?

Clara. Schäme Dich, Du, der Du immer damit prahlst, daß Dein Wort eine Brücke sei, fester wie Holz und Eisen.

Rudolf [ist aufgestanden und faßt Clara um die Taille].

Clara [wendet schmollend den Kopf ab].

Rudolf. Du bist also sehr unglücklich, einen so schlechten Mann zu haben?

Clara. Ach, geh' nur!

Rudolf [schelmisch]. Du hast Stunden, in denen Du bereuest, meine Frau geworden zu sein?

Clara [wendet sich rasch um und umarmt ihn]. Nein, gewiß nicht!

Dritte Scene.

Vorige. Gottlieb. Hampel.

Gottlieb [von links]. Vater, hier ist Herr Hampel.

Clara [macht sich rasch von Rudolf los und setzt sich auf das Sofa, neben Marie.]

Rudolf. Hören Sie, Hampel, wer hat mir denn die neuen Stiefel gemacht?

Hampel. Ich glaub', der Böhm!

Rudolf. Ich hab noch extra gebeten, Ihr sollt mir ein paar bequeme Stiefel machen, es ist ein Skandal, daß ich in meiner eigenen Werkstatt nicht ein paar ordentliche Stiefel kriegen kann. Ich werde mir sie noch selber machen müssen.

Hampel. Nein, Meister, ich werd' Ihnen 's Maaß nehmen, und dann können wir ja an neuen Leisten machen.

Rudolf. Ja, nachher! [Nimmt vom Tisch ein paar Geldrollen]. Es ist heute Samstag, da zahlen Sie den Wochenlohn aus. Der Pozibil ist einen Tag ausgeblieben.

Hampel [entschuldigend]. Ja, am Mittwoch, wie die Leich' von seiner Frau war.

Rudolf. Ich weiß! [Leise zu Hampel]. Schieben Sie ihm den Zehner mit unter den Lohn, [gibt ihm Geld] aber sorgen Sie dafür, daß er sich nicht bei mir bedankt.

Hampel. Ach, Meister Sie sind doch —

Rudolf. Still! Nachher können Sie mir Maaß nehmen.

Hampel [geht nach links ab].

Rudolf [auf der rechten Seite zu Gottlieb]. Hast Du Deine Aufgaben schon gemacht?

Gottlieb. Ja, die ganze Tafel voll.

Rudolf. Dann kannst Du mit Carl ein Stündchen auf dem Hof spielen.

Clara. Gottlieb!

Gottlieb [zu Rudolf]. Meint die Mutter mich?

Rudolf. Natürlich, geh' hin!

Gottlieb (zu Clara gehend). Was befiehlst Du, Mutter?

Clara. Gib gut auf Carl acht, wenn ihr auf den Hof geht, seid nicht so wild.

Gottlieb. Aber Ball dürfen wir wohl spielen?

Clara. Ja, aber keine Fensterscheiben einwerfen.

Gottlieb [Carl, der noch immer auf der Erde sitzt, an der Hand nehmend]. Komm, wir gehen in Hof. [Ab mit Carl durch die Mitte.]

Vierte Scene.

Vorige ohne Kinder.

Clara [zu Marie]. Also, ich soll nichts von Eueren Heimlichkeiten erfahren?

Marie. Ich darf nichts sagen, frage Deinen Mann!

Clara. Ach der! Bis man aus dem Brummbären ein Wort herauskriegt.

Rudolf. Vielleicht laß' ich mich doch erbitten.

Marie [aufstehend]. Ach ja, thun Sie's, mich drückt es so wie so, daß ich vor Clara ein Geheimniß haben soll?

Clara [ebenfalls aufstehend]. Ihr macht mich neugieriger.

Marie [zu Rudolf]. Soll ich Euch allein lassen?

Rudolf [lächelnd]. Na, das hat doch nicht solche Eile. —

Marie. Ja, ja! Clara wäre am Ende wirklich im Stande und dächte — Nein, das ist dummes Zeug. Aber sagen Sie ihr Alles, es ist besser so. Adieu! Ich sehe Euch heute noch.
[Ab durch die Mitte].

Fünfte Scene.

Vorige. Mehlmeyer.

Mehlmeyer [tritt durch die Mitte ein, begegnet Marie, flüstert ihr etwas in's Ohr und legt dann zum Zeichen, daß sie schweigen soll, den Finger auf den Mund].

Marie [schüttelt den Kopf und geht rasch ab).

Clara [während dessen zu Rudolf]. Nun, Du abscheulicher Geheimnißkrämer?

Rudolf. Oho, wenn Du so anfängst und Dich nicht auf's Bitten legst, erfährst Du gar nichts.

Clara. Ach, quäle mich doch nicht länger!

Rudolf. Na, meinetwegen.

Clara [spitzt neugierig die Ohren].

Mehlmeyer [vortretend]. Ich störe doch nicht?

Clara [zurückfahrend, bei Seite]. Ach, das ist aber ärgerlich. [Setzt sich auf's Sofa und nimmt ein Strickzeug zur Hand].

Rudolf. Ah! der Tausend, der Mehlmeyer, ein seltener Besuch.

Mehlmeyer. Aber sehr angenehm, nicht wahr? Meine Frau ist auch da.

Clara. Die Emma? Wo denn?

Mehlmeyer. Sie hat die Buben abgefaßt, d. h. sie spielt mit ihnen in dem Hof.

Clara. Kommt sie denn nicht herein?

Mehlmeyer. Ja wohl, gleich, sie hat nur noch einen kleinen Gang.

Rudolf. Na, wie geht's in der Ehe?

Mehlmeyer. O, ich danke, recht gut. Wenn ich nur nicht so viel Stunden geben müßte, oder wenn ich sie wenigstens zu Hause geben könnte! Aber in den 3. Stock klettern die jungen Damen nicht gern. [Leise zu Rudolf, ihn in die Seite stoßend]. Du, Starke, ich habe Dir etwas zu sagen, meine Frau hat eine Entdeckung gemacht. Dudeldidum!

Rudolf. Wirklich? Ah, da gratuliere ich.

Mehlmeyer. Ach, dummes Zeug! Ich muß es Dir allein sagen, wenn Deine Frau fortgeht.

Rudolf. Damit wirst Du wohl vor der Hand kein Glück haben, sie wartet auch auf eine Entdeckung.

Mehlmeyer. Dann komm mir nach, ich erwarte Dich nebenan im Kaffeehaus. Apropos! Was ich Dich fragen wollte, [trommelt eine Passage auf Rudolfs Schultern]. Du bist doch nicht böse, daß ich Dir das Geld noch nicht zurückgegeben habe?

Rudolf. Was für Geld? Du bist mir ja nichts schuldig.

Mehlmeyer. Nein! Ach das freut mich. Ich dachte, weil ich schon alle Bekannte — Dudeldidum! Dann kannst Du mir wohl 10 Gulden borgen?

Rudolf. Sitzt Du schon wieder drin?

Mehlmeyer. Nur so eine vorübergehende Verlegenheit. Du weißt ja, ich habe eine reiche Tante in Bremen, einen reichen Bruder in Hamburg und einen reichen Onkel in Amerika. Wenn Einer stirbt —

Rudolf [fortfahrend]. Erbe ich was.

Mehlmeyer. Nein, ich. [Auf seinen Hut trillernd]. Also Du willst nicht?

Rudolf. Wir werden sehen. Wozu brauchst Du das Geld?

Mehlmeyer [legt seinen Arm in Rudolfs Arm]. Weißt Du, ich will meiner Frau eine große Freude machen. Sie beklagte sich gestern Abends, daß ich so schlechte Zigarren rauche. Uebermorgen ist ihr Geburtstag, da möchte ich ihr so ein kleines Kistchen schenken, feine Milares, ich rauche sie ihr vor.

Rudolf. Das ist allerdings sehr liebenswürdig von Dir.

Mehlmeyer. Die Sache ist also abgemacht, [drückt Rudolf die Hand, geht dann zu Clara.] Adieu, Frau Starke, ich komm' später noch einmal und hole Emma ab. Dudeldidum! [Ab von der Mitte.]

Sechste Scene.

Rudolf. Clara.

Clara [rasch aufstehend]. Endlich ist er fort. Nun schnell, ehe uns wieder Jemand stört.

Rudolf. Nicht so aufgeregt! Setze Dich ruhig hieher und höre mir zu! [Führt Clara zu einem Stuhl.]

Clara [setzt sich, Stuhl rechts.]

Rudolf. Es sind jetzt fünf Jahre her, daß Dein Bruder plötzlich verschwunden ist.

Clara [aufspringend]. Leopold?!

Rudolf. Ruhe! (Drückt sie sanft nieder auf den Stuhl). Niemand hatte etwas von ihm gehört, und er war so gut wie verschollen. Da vor ungefähr einem Jahre krieg' ich einen Brief von einem frühern Bekannten, der vor längerer Zeit verschwunden war, um sein Glück über dem Ocean zu versuchen. Mein Bekannter hatte dort die Bekanntschaft eines andern Bekannten gemacht, und glaubte, es würde mich interessiren, wenn er mir über ihn Mittheilung machte.

Clara [aufstehend, sehr erregt]. Du hast Nachrichten von Leopold?

Rudolf. Ruhe! [Drückt sie wieder auf den Stuhl nieder]. Ich war allerdings neugierig genug, diese Correspondenz fortzusetzen, und so erfuhr ich denn nach und nach, daß der junge Taugenichts allerdings hart vom Schicksal verfolgt worden ist, aber doch, wie es scheint, eine sehr heilsame Kur durchgemacht hat. Er hat gelernt zu arbeiten, sich nützlich zu machen. Nach allerhand abenteuerlichen Unternehmungen ist er schließlich auf den Handel gekommen. Na, dachte ich mir, ein Handelsmann mag es noch so ehrlich meinen, wenn er kein Geld hat, ist er ein Lump. Da habe ich denn ein paar Gulden genommen, viel habe ich ja nicht, und hab' sie ihm geschickt.

Clara [sitzen bleibend und bittend ihre Hände nach Rudolf ausgestreckt]. Rudolf, ich bitte Dich, martere mich nicht! Was ist aus Leopold geworden?

Rudolf. Ich hoffe, ein braver Kerl. Und wenn ich Dir rathen soll, Du weißt, ich habe Deine 10.000 Gulden nie angerührt, dann gib ihm das Geld, ich glaube, es wird gute Zinsen tragen.

Clara. Und wenn Du zehnmal Ruhe sagst, ich kann mich nicht mehr halten [springt auf]. Du lieber, guter — einziger Mann! [Fällt ihm um den Hals].

Rudolf. Na, na, Clara, erwürge mich nur nicht! Die Geschichte ist auch noch gar nicht zu Ende.

Clara [sich die Augen trocknend]. Wie?

Rudolf. Der Junge hat noch alte Liebschaften im Kopf.

Clara. Liebschaften? Doch nicht etwa die Marie?

Rudolf. Und das gefällt mir eigentlich am Besten von ihm [Zieht den Brief aus der Tasche, gibt ihn Clara]. Da, lies den Brief!

Clara. Mein Gott! Ich bin ganz wirr' vor Freuden. Was soll denn nur geschehen? Du hast gewiß etwas mit ihm vor. O sag' mir Alles!

Rudolf [abwehrend]. Ruhe, später! Zuerst geh' in Dein Zimmer, lies in Ruhe Deinen Brief, er ist lang genug, dann können wir uns ja aussprechen! Jetzt habe ich auch einen kleinen Gang.

Clara [streckt Rudolf die Hand entgegen]. Rudolf, wenn ich manchmal auch ein Bischen brummig bin, nicht immer so, wie Du's gern möchtest, sei mir nicht böse, ich habe Dich so lieb, so lieb, ich kann's gar nicht sagen.

Rudolf [sie sanft von sich drängend]. Geh', Alte, geh! Ich weiß schon, wie ich mit Dir d'ran bin.

Clara [geht nach der Thür rechts, als sie dieselbe öffnet, tritt ihr Emma entgegen, legt den Finger auf den Mund und deutet in das Zimmer. Clara stößt einen halb unterdrückten Schrei aus]. Ha!

Rudolf [erschrocken]. Was gibts? Was ist Dir?

Clara. O nichts, nichts, ich bin so aufgeregt, ich will schnell den Brief lesen. [Eilig ab nach rechts, man hört die Thüre schließen.]

Siebente Scene.

Rudolf [allein]. Aha, sie schließt sich ein! Ha, ha, sie will sich durchaus nicht stören lassen bei der interessanten Lectüre. Wie sie sich freut, daß aus Leopold ein ordentlicher Mensch geworden ist. Jetzt will ich aber doch hören, was Mehlmeyer eigentlich von mir will.

Achte Scene.

Emma, dann Weigel, Gottlieb, Carl.

Emma [öffnet vorsichtig die Thüre rechts und spricht zurück]. Die Luft ist rein, er ist fort. [Sie tritt ein].

Weigel [Karl auf dem Arm, Gottlieb an der Hand, tritt ebenfalls von rechts ein furchtsam]. Sie meinen also, daß ich's wagen kann?

Emma. Hier zu bleiben? Gewiß! Clara will ein' Augenblick allein sein, um einen wichtigen Brief zu lesen, und die Buben drüben lassen ihr keine Ruh! Na, habe ich meine Sache gut gemacht?

Weigel. Bis jetzt sehr gut. Wenn nur — [sieht sich ängstlich um.]

Emma. Ach, wer wird so ängstlich sein! Uebrigens hat ihn mein Mann jetzt in der Arbeit und bereitet ihn vor.

Weigel. Herrgott! Sie wollen ihm doch nit sagen lassen, daß ich —?

Emma. Natürlich. Meinen Sie denn, daß die Kinder es nicht ausplaudern würden?

Weigel [hat sich auf einen Stuhl rechts gesetzt, und die Kinder auf die Knie genommen]. Ja, das is schon möglich, sag' einmal, Gottlieb, hast denn Du g'wußt, daß Du einen Großvater hast?

Gottlieb. Na, so dumm werd' ich doch nit sein! Alle Kinder haben ja einen Großvater.

Karl. Ich auch?

Weigel. Ja, Du auch. [Zu Gottlieb]. Die Mutter hat Dir's wohl erzählt?

Gottlieb. Die Mutter? Nein, die hat immer g'weint, wenn ich nach dem Großvater g'fragt hab. Und der Vater —

Weigel. Na, was hat Dein Vater g'sagt?

Gottlieb. Ich weiß nicht, ob ich es wieder sagen darf.

Weigel. Nur zu, ich kann schon einen Puff vertragen. Also?

Gottlieb. Er hat g'sagt, Du wärest zu stolz, um mit uns umzugehen.

Weigel. Zu stolz? Na, wenn es weiter nix wär', darüber würden wir uns schon einigen.

Gottlieb. Du bleibst also jetzt bei uns?

Weigel. Schwerlich. Dein Vater kann mich nicht leiden.

Gottlieb. O doch! Mein Vater ist gegen alle Menschen gut, er kann blos die Gesellen nit leiden, die zu viel trinken. Trinkst Du auch viel?

Weigel. Nein, Gottlieb, ich eß' nit einmal viel.

Rudolf [von Außen]. Nein! Das ist nicht möglich.

Emma [welche an der Mittelthür gehorcht hat]. Das ist seine Stimme.

Gottlieb. Der Vater kommt! [springt auf die Erde.]

Weigel [steht auf und stellt Karl auf die Erde]. Ich wünschte, ich wär' in meiner Bodenkammer.

Neunte Scene.

Vorige. Rudolf, Mehlmeyer.

Rudolf [tritt erregt durch die Mitte ein].

Mehlmeyer [folgt Rudolf und spricht leise mit Emma].

Gottlieb [läuft Rudolf entgegen]. Vater!

Rudolf [sieht Weigel starr an, bei Seite]. Er ist es wirklich! [Zu Gottlieb]. Geh' hinaus, nimm den Bruder mit!

Gottlieb. Bist Du böse?

Rudolf [barsch]. Geht, sage ich.

Gottlieb. Komm', Karl! [Nimmt Karl an der Hand, und geht furchtsam mit ihm von der Mitte ab.]

Zehnte Scene.

Vorige, ohne Gottlieb und Karl.

Weigel [verlegen die Mütze in der Hand drehend, und sich zu einem Lächeln zwingend]. Herr Starke.

Rudolf [bei sich]. Er sieht zum Erbarmen aus. [Laut]. Was wollen Sie hier?

Weigel. Ich? Ich wollte — ich suchte —

Rudolf. Sie suchen Arbeit, nicht wahr?

Weigel. Arbeit, bei Ihnen?

Rudolf. Ich wüßte nicht, was Sie sonst hier zu suchen hätten. Melden Sie sich in der Werkstatt, [zeigt nach links]. dort, bei dem Altgesellen Hampel, Sie kennen ihn ja?

Weigel [eingeschüchtert]. Ja, richtig, Hampel, den — kenn' ich [mit langsamem Schritte nach links gehend]. Dann will ich — in — in — die — die Werkstatt gehen — gehen — gehen.

Rudolf [kämpft mit sich selbst und macht eine Bewegung, als wollte er Weigel zurückhalten, sagt aber dann leise und engerisch]. „Nein"!

Weigel (geht nach links ab).

Eilfte Scene.

Vorige ohne Weigel.

Emma. Herr Starke, was haben Sie gethan?

Mehlmeyer. Ich habe nie geglaubt, daß Du so hartherzig sein kannst.

Rudolf [erregt auf und abgehend]. Hartherzig! Wißt ihr nicht, daß dieser Mann mich beschimpfte, mich auf den Tod beleidiget hat?

Emma. Er ist alt, schwach und hülflos.

Rudolf. Ja, ja, aber ich hab's geschworen, daß er kein Stück Brod in meinem Hause essen soll, ehe er nicht vor mir auf den Knien gelegen, wie seine Tochter vor ihm, als er sie zum Hause hinaus stieß — meinetwegen! Meinetwegen! [Wild]. Ich hab's geschworen und [weich] wünschte — ich hätt's nicht gethan.

Zwölfte Scene.

Vorige. Clara.

Clara [von rechts, freudig]. Ich habe gelesen, ich weiß jetzt Alles. O, Rudolf! Dir verdanke ich die Rettung meines Bruders. [Eilt zu Rudolf.]

Emma. So bitte ihn, daß er sich auch Deines Vaters erbarmt.

Clara. Rudolf, Du weißt? Du hast ihn gesehen? Wo ist mein Vater?

Emma. Er hat ihn in die Werkstatt geschickt, aber ich glaube nicht, daß der alte Mann lange aushalten wird.

Clara [angstvoll[. Was heißt das?

Rudolf. Clara erinnerst Du Dich der Stunde, wo ich Dich zum Weib begehrte?

Clara. An diese Stunde denkst Du jetzt?

Rudolf. Ich werde sie nie vergessen. Clara, nimm — was Du willst — Alles, was ich habe, gib es ihm — aber Dein Vater und ich können nicht unter einem Dache hausen. Ich hab's geschworen.

Clara. Im überwallenden Zorn. Dein Herz wußte nicht, was Dein Mund sprach.

Rudolf. Laß mich! Und läge dieser Schwur auch wie ein Fluch mein Leben lang auf meiner Brust, eher will ich diesen Alp ertragen, als vor mir selbst zum Lügner werden

Clara [die Hände ringend]. O, über diesen Starrsinn!

Dreizehnte Scene.

Vorige. Hampel, Weigel.

Hampel [mit einem Maaß in der Hand von links]. Meister, soll ich Ihnen jetzt Maaß nehmen?

Rudolf. Maaß nehmen? Ja wohl, Hampel, kommen Sie, [zieht den rechten Stiefel aus.] Sie wissen ja, wo mich der Schuh drückt.

Emma [leise]. Jetzt weiß ich's auch, ich will ihn von dem Druck erlösen. [läuft zur Thür links, öffnet sie und winkt Weigel.]

Mehlmeyer [läuft Emma nach]. Was willst Du?

Emma. Du wirst's schon sehen.

Weigel [tritt von links ein.]

Clara [will ihrem Vater entgegen.]

Emma [zu Rudolf, unbefangen]. Sie brauchen ein paar neue Stiefel, nicht wahr?

Rudolf. Ja. Nehmen Sie's übel, wenn ich mir in Ihrer Gegenwart Maaß nehmen lasse?

Emma. Bewahre, wir sind ja alte Freunde. Aber ich dachte, da Sie doch Herrn Weigel Arbeit geben wollten — Herr Hampel, geben Sie mir doch das Maaß!

Hampel (gibt ihr erstaunt das Maaß]. Das Maaß? Hier!

Emma. So könnte er, dachte ich, gleich ein Probestück machen.

Alle. Wer?

Clara. Mein Vater?

Emma [Weigel das Maaß hinhaltend]. Bitte, bitte! [Leise.] Sie thun es für Clara.

Weigel [lächelnd]. Ja, warum sollt' ich's auch nicht. Es is ja keine Schand', es is ja mein Geschäft. [Nimmt das Maaß und kniet langsam vor Rudolf nieder.] Darf ich um den Fuß bitten. [Alle folgen mit gespanntester Aufmerksamkeit dieser Scene.]

Emma [steht hinter dem Stuhl, auf welchem Rudolf sitzt und beugt ihren Kopf über die Lehne, Weigel bittend ansehend.]

Rudolf [betrachtet den vor ihm knienden Weigel mit starren Blicken.]

Emma [klopft Rudolf auf die Schultern und flüstert ihm lächelnd zu]. „Ehe er nicht vor mir auf den Knien liegt“ [ihm mit den Fingern drohend]. War's nicht so?

Rudolf [mit dem Ausbruch größter Freude]. Ja, ja! [streckt seine Arme in die Höhe, erfaßt Emmas Kopf und küßt sie herzlich.] Das vergesse ich Ihnen mein Lebtag nicht, Sie — Sie Hannswurst, wie Sie Ihr Vater immer nannte. [Er springt auf.]

Weigel [hält Rudolf's rechten Fuß fest].

Rudolf. Aber, Papa Weigel, Schwiegervater! Lassen Sie mich doch los und stehen Sie auf. [Er hüpft umher.] Nicht den Fuß, die Hand will ich Ihnen geben. Wir haben uns ja noch nicht einmal begrüßt — nach so langer Zeit. [Hebt Weigel in die Höhe und streckt ihm die Hand entgegen.]

Weigel [erstaunt zu Rudolf]. Ist das wirklich Ihr Ernst? Sie können vergessen?

Rudolf. Ja, ja, sehen Sie mir das nicht an? Die alten Geschichten sind begraben, seien Sie mir willkommen in meinem Hause. [Drückt Weigel die Hand].

Mehlmeyer. Die Dissonanz löst sich auf. Deidideldum [er holt mit beiden Händen aus.]

Nr. 15. Melodram.

[Nach Mehlmeyer's letzten Worten fällt das Orchester mit einem leisen Quartettsatz ein, welcher in die Schlußmusik überleitet.]

Weigel [zu Clara, welche neben ihn getreten ist]. Clara, Du hast Recht g'habt, daß Du lieber mich aufgabst, als ihn; er ist besser, als —

Clara [einfallend]. Besser als Du glaubtest, ja. Er ist es auch, der Leopold gerettet hat.

Weigel. Mein Leopold, mein Herr Sohn! Er lebt? Er ist gesund?

Clara. Mehr als das, er ist durch Rudolf's Unterstützung ein braver Mensch geworden und wird in vielleicht nicht allzulanger Zeit wieder ganz der Unsere sein.

Weigel. Mein Leopold! Seht Ihr, seht Ihr, Ihr habt's nie glauben wollen, aber ich hab's immer gesagt: Es steckt ein guter Kern in dem Jungen.

Vierzehnte Scene.

Vorige. Marie [Gottlieb und Karl an der Hand durch die Mitte.]

Gottlieb. Vater, ich wollte nicht, aber Tante Marie sagt, wir könnten wieder —

Rudolf [hat inzwischen den Stiefel wieder angezogen]. Kommt nur, Kinder, und Du, Gottlieb —

Gottlieb. Meinst Du mich?

Rudolf. Natürlich, geh zum Großvater und frag' ihn, ob er bei uns bleiben will?

Gottlieb [zu Weigel]. Willst Du?

Weigel. Ob ich will. [Zu Rudolf] Es ist gewiß edel von Ihnen, daß Sie mir nichts nachtragen und mich sogar bei Ihnen aufnehmen, und ich bin Ihnen auch dankbar dafür, so lang' ich lebe! Aber, Rudolf, daß Sie meinem Jungen, meinem Leopold beigestanden und geholfen haben, dafür werde ich Ihnen auch noch dankbar sein, wenn ich nicht mehr lebe — denn, Kinder, lachts mich aus oder nit — aber mein Leopold —

Marie [ist vorgetreten, und hat leise die Hand auf Weigel's Schulter gelegt.]

Weigel. Hahaha! Die Marie — die begreift mich g'wiß! [singt:]
Denn meine einzige Passion,
Is mein Leopold, is mein Sohn!

Der Vorhang fällt.

Ende.

5. Heft.

Die goldene Hochzeit. (Festscene für 2 Personen.)
Festgruß zur Feier der silbernen Hochzeit geliebter Eltern.
Zur goldenen Hochzeit.
Prolog zur Eröffnung einer Krippe.
Zum Bau eines Kinderhospitals.
Zum Tage Allerseelen.
Graue Haare. (Trilogie.)
Die Schöpfung des Weibes.
" " " " (Parodie.)
Itzig erzählt Schillers „Wilhelm Tell." (In jüdischem Jargon.)
Monolog des schönen Fiaker-Poldls. (Wienerisch.)
Der Wienfluß an die Väter der Stadt.
Bauerntrost. (Oesterreichisch.)

6. Heft.

Sommer, Herbst und Winter in der Residenz. Humoreske. (Vortrag, theils in Prosa.)
Ich und mein Humor. (Vortrag des Fräulein Gallmeyer.)
Die Schöpfung der Musikinstrumente.
Der Beamten Weihnachtsbaum.
Der bestrafte Philosoph.
D'Rosl in der Stadt. (Oesterreichisch.)
Subrosa und in gereimter Prosa. (Vortrag für eine Dame.)
Der Verbannte.
Die Helden des Hühnerhofes. (Fabel.)

7. Heft.

Unter vier Augen. (Komische Scene für zwei Herren.)
Der Raupe mütterliche Lehren. (Zeitgemäße Fabel.)
Eine haarsträubende Ballade. (Für zweistimmigen Männerchor mit Begleitung einer verstimmten Harfe.)
Ballregeln, wie solche Herr Fekete Lájos, Stuhlrichter von Kis-Becskerek, seinem Sohne Imre zu ertheilen pflegt, wenn derselbe in Wien sich belustigen will. (In ungar. Jargon.)
Lori. (Bürgerliche Parodie.)
Eine alte Rheinsage. (Ballade.)
Narren-Quadrille.
Warum's in Pforrer ka Katzenmusik g'mocht hob'n.
Eine musikalische Glosse.
Der Flügel eines Engels.
Philisterglück.

8. Heft.

Zwei Patti-Enthusiasten. (Scene für 2 Herren).
Privatmeinung des Fárkás István, Stuhlrichters zu Máros-Básarhely, über die Schwaben und ihre jetzigen Zustände. (In ungar. Jargon.)
Ein entrüsteter Tiroler an die Oesterreicher. (Dialekt.)
Der alten Jungfrau Klage. (Vortrag für 1 Dame.)
Der Ritter von Tackenburg. Ballade von Schillerleben. (In jüdischem Jargon.)
Der Pechvogel.
Hád, Bürsch'l, geh' du nicht auf Börs'. (In ungar. Jargon.)
Der Eissportsmen. (Vortrag für 1 Herrn in Prosa.)
Am Sylvesterabend. (Gesprochen von Carl Treumann.)
In der Sylvesternacht.
Das Märchen von einer Mutter. (Frei nach Andersen.)
Trost im Alter.

9. Heft.

Schulzen's Lieschen will Schauspielerin werden. (Vortrag für eine Dame.)
Der Albrechtsbrunnen in Wien. (Dialekt.)
Philiströse Lieder von Joh. Mehlwurm.
Was dich nicht brennt, das blase nicht. (Dialekt.)
Eine Hundesitzung.
Weltweisheit.
Die Theatermutter. (Vortrag für 1 Dame.)
Biedermaier's Ansicht über Malerei.
Sylvestergruß.
Lebensregeln, wie solche Fárkás István, Stuhlrichter zu Máros-Básarhely, seinem Sohne Lajos zu ertheilen pflegt. (In ungar. Jargon.)
Glaube, hoffe, liebe!
Ständchen. (Musik von Schubert.)
Der ungläubige Thomas. (In Musik gesetzt von Käsmaier.)
Zeitgemäßer Traum.

10. Heft.

Die Afrikanerin. (Solo-Scene für 1 Herrn.)
Volkesstimme — Gottesstimme.
Der Detektiv.
Die Civilehe in Ungarn. (In ungar. Jargon, Prosa.)
Das Wunderkind. (In jüdischem Jargon.)
Eine biblische Reminiscenz. (Dialekt.)
Baron Sprudelwitzen's Ansicht über Friedrich Schiller. (In Berliner Dialekt.)
Ich wünsch' glückselig's neues Jahr.
Treue.
Der französische Schneider.
Da Pechvog'l. (Niederösterreichisch.)

Druck aus J. B. Wallishausser's k. k. Hoftheater-Druckerei.